Seltenes spüren

Gedichte

Anthologie des Köpenicker Lyrikseminars und der
Lesebühne der Kulturen Adlershof mit zahlreichen Gästen

Anke Ames, Almut Armélin, Dorothee Arndt,
Victor Bueno Roman, Ralf Burnicki, Andreas Diehl,
Rela Ferenz, Marko Ferst, Hanna Fleiss, Peter Frank,
York Freitag, Charlotte Grasnick, Ulrich Grasnick,
Elisabeth Hackel, Brunhild Hauschild,
Franka-Loraine Hetscher, Oliver Issel, Reinhard Kranz,
Günter Kunert, Fritz Leverenz, Michael Manzek,
Reiner Müller, Jürgen Polinske, José Pablo Quevedo,
Friedeborg Stisser, Stephan Terrey, Petra Urbaniak,
Marcela Ximena Vásques Alarcón, Frank Wegner-Büttner

Edition Zeitsprung

Seltenes spüren

Gedichte

Ulrich Grasnick, Elisabeth Hackel, Günter Kunert,
Marko Ferst, Dorothee Arndt, Charlotte Grasnick u.v.a.

Gefördert durch Sondermittel der Bezirksverordnetenversammlung Treptow-Köpenick.

Die Mitglieder des Köpenicker Lyrikseminar/Lesebühne der Kulturen Adlershof bedanken sich für die Unterstützung dieser Publikation bei der Bezirksverordnetenversammlung Treptow-Köpenick und den Mitgliedern des Ausschusses für Weiterbildung und Kultur der BVV Treptow-Köpenick.

Bibliografische Information durch die Deutsche Nationalbibliothek: Die Deutsche Nationalbibliothek verzeichnet diese Publikation in der Deutschen Nationalbibliografie; detaillierte bibliografische Daten sind im Internet über http://dnb.d-nb.de abrufbar.

© Edition Zeitsprung, Berlin 2014
ISBN 978-3-7386-0056-8

Bild auf der Vorderseite:
Hans-Peter Seeling: Im Süden der Montagne Noir
Lektorat: York Freitag, Marko Ferst
technische und organisatorische Bearbeitung: Marko Ferst

Herstellung und Verlag:
BoD – Books on Demand, Norderstedt

Alle Nachdrucke sowie Verwertung in Film, Funk und Fernsehen und auf jeder Art von Bild-, Wort-, und Tonträgern sind honorar- und genehmigungspflichtig. Alle Rechte vorbehalten. Das Urheberrecht liegt bei den Autorinnen und Autoren.

Technische Unterstützung:
Firma Thomas Ferst Computer; www.ferst.de

York Freitag

Gebrauchsanweisung für die lange Nacht

ohne Leuchtmittel nur
den abgerissenen

Mond

ins Glas auf dem Tisch
Halogenschatten und

Lied um Lied um Lied
übers Schreibzeug
gelingt

der Looping um Mitternacht
die Wirbellosigkeit

jenseits des Kratergeschäfts

halte dich heißt es doch
besonders hier auf lebens-
lang steige ich meine
Stufen

den homogenen
Kopf voraus

York Freitag

Verlass

wie zum Beispiel
die blauen Schatten
an Märzabenden

in gewissen Abständen
erwarte ich
auch wieder
Schnee auf dem Dach

Wespen
am Apfelmost

oder wann ließ
das letzte Mal
die Rötung des Ahorns
auf sich warten

York Freitag

sonst oft sonnig

Liebstöckel hält sich
bereit unterm Wall
grüßt Eden Specht und
Kreuzspinnenkinder
wohin ich trete sind
noch wieder Wege
zwei Tage vor Heiligabend
stand früh der Rotfuchs
im Hof

York Freitag

spazieren (2)

> „In the future everyone will
> be famous for 15 minutes."
> *Andy Warhol*

ich bin für
15 min das Zentrum
der Allee
an meinen Sohlen wie
Schnee kleben die Bilder
zum Glück erblühten
gerade die Laternen
ich riss meinen Blick hinauf
um mehr über meine Gedanken
zu erfahren: Warhol in den
leeren Platanen
der Mond ergibt sich
hinter den Dächern

York Freitag

tabula rasa

00.43 Uhr verhielt
sich das Licht (ohne

Alibi) zur Nacht
wie zu meiner
Abwesenheit
die Samen im Kreuz-

feuer papierbleicher
Orte du genehmigst ihren
Verkehr

York Freitag

Iason im Winterhauch

1

Sonne am Ende des
Tags ins Gift der
Verjüngung

Medea liebt

einen Tag unsterblich im
Feuer der Stiere

2

spann an Sämann
die Zähne des
Drachen in die Erde
von Kolchis

Medea liebt

Sonne am Ende des
Tags

3

vom Kampf gegen die
Mannen des Aietes ums
Goldene Vlies

Sonne am Ende herbst-
vergessen

zeitlos blüht die
giftgeborene
Lilie

York Freitag

Mohnblues

und auf der Straße von

Lethe war vergessen die Farbe
von Nyx' Gesängen wir

lagen vor Azur City
Thanatos einmal entronnen
ein Segel das wir nie

refften hielt Morpheus
in seinen Armen

York Freitag

Foto mit Lilie

Sechsfach spreizt du deine Finger,
staunst hinab von hohem Stängel
auf das Wiesenkraut;

über euch der Waldrand schauert,
denn das Flüstern - selbst ich horche -
gilt dem Mittags-Pan:

ob mit seinem Stab der Alte
nicht hervorschreckt hinterm Rande
in das Rechteck 9 x 12 ...

York Freitag

Labyrinth

im Wirrwarr
in dem ich zuhause bin
ziegengleich weil ihr mir
nah seid:

Ariadnes Leihgaben
hinter aufgeklinkten
Türen

die Wege an seidenem
Faden

ich ziehe mit
bunkervertraut bis
kristallin

York Freitag

Lichtfänger

weißt du noch wir pflückten
Eiszapfen vom Garagen-
dach befreiten aus dem Gezweig
der Schneebeere einen ganzen
Leuchter der hing kopfüber mit
seinen Armen in Kaiser's-Tüten oder
ich weiß nicht mehr schleppten
den durchsichtigen Schatz ins
Haus als wir gepflanzt hatten
unsere Stalagmiten aus geronnenem
Licht in den vergessenen Blumen-
kasten auf dem Balkon weißt
du's noch wir hielten Mama
die Augen zu und dann der Tanz
der Regenbögen auf Wand und Klavier
sie stimmte ihre Lieblingsromanze an
Stille hier nur Gott und ich
die klang bis in die Nacht als
weiße und rote Funken der Auto-
lichter in den Glasstängeln und an ihren
Spitzen hüpften wie wenn der Docht
aufglühen will zu Flämmchen das weißt
du aber nicht du hattest dein Kissen im Arm
deine Lippen bewegten sich als
hättest du Schöllereis auf der Zunge

für Anastasia Freitag

York Freitag

arme Lisa

„Erwartung, Vergessen, Erinnerung."
Nikolai Michailowitsch Karamsin

der Teich ist dein Freund
nicht auch wenn er dich
rettet Schilfrohr bedeckt
dein durchtränktes Gewand

im Blutrock der Ehre reitet
von dannen Erast der Vater
deines zweiten Gefühls

zur Frau in die Stadt und hat
Tee und bespricht die Mitgift

York Freitag

meine Gesichter

ich presse meine
Gesichter in die Gras-
narbe in die Tiefe
des Wurzelwerks schwöre

ich nähre mich vom
Licht eurer demütigen
Fragen an die Füße
über euch seit

zweitausend Jahren wachsen
die Kreuze gleich Felsen
in die Gegenden des Wider-
spruchs

York Freitag

Monolog über Trossin

damals die Pilztouren zur Fuchs-
wiese und weiter erinnerst du dich
gärende Sonnen hinterm

Schwarzen Damm werfen die Zwischen-

räume im Erlenlaub fleckiges
Licht auf die Lachen des Moors du sagst
als sei's heute mit hohler Hand

fangen wir wieder Stichlinge im
Mühlbach grau

schillernde Haut silbern flackerndes
Wasser in die marklose Linde schleicht der
alte Streif tanzender Stäube und
Mücken still

steht die Zeit hält uns beide im Arm
du siehst deutlich das stotternde

Schaf auf der Waldlichtung die Zapfen

sind Würste in der Fantasie noch
einmal den Handwagen her wir
holen das Abendmahl es ist

wahr in die Blase macht der
Schlachter das Blut ein Waschkessel
voll was ist heute

noch wahr der Geruch
nach Weingeist und Räucher-
schrank das Kugelbett winterkalt
die Pfannkuchen vom Feuerherd die

Gockelpeitsche die Mär von den lausigen
Zeiten Winnetou Trotzkopf die sieben Schlemihle
mit Schloss und Riegel das rostbraune Tor

dreimal pro Jahr mähen wir die Schatten
vom Hof winters wuchert straßen-

seitig der Hausgeist aus den Fenstern
und die Nachbarn vergreifen sich an den
Stachelbeerbüschen hinterm
Zaun posaunen in unser

Verkaufsgespräch was ist heute

York Freitag

November (1)

es ist meine
Art den Regen zu
beschreiben:

alles Fieber das
von oben
kam

oder ich sage
manchmal
wenn das Wunder
unbeklagt ist
von mir

hab wahr doch
den Engel
wie er vorüber-
sinkt

York Freitag

November (2)

im Licht
eines absoluten Morgens
das die Dinge nimmt
wie sie sich ihm
geben:

kahl
oder luzid

heute ein anderes Blatt
von jenseits der Linde
fällt aus der Wind-
losigkeit

legt sich
mit allen auf meine
Narbenzeit

(1)-(2) für Yvonne Mercedes Kluge

York Freitag

eine Allee Nr. 27

mit den Säulen der Kiefern
wachse ich
aus dem Gezweig der Einzelheiten
und über den Kronen die Triade
aus Sonne und Wind und
harzgetauchter Feder
aus ihr tropft das Feuer
ins Reich der Kargheit

die Paletten der Söhne
an glutrote Rinde genagelt
sie haben Strandkörbe
auf ihrer Leinwand im
großen Zimmer da schrieb
immer die Mutter
und zwischen den Versen
ging sie zur Seebrücke
durch die altersschweren Villen
ihre Wege ins Niedermoor
bis schwarzer Rahmen
sie begrenzte

letzten Sommer las der Vater
unter der Buche er besserte
sein Teerdach aus
Verse an den Rhododendron
in der Erinnerung
vor der Hütte ihr Liegestuhl
das weingefüllte Glas
und sich leerender
grüner Tag
dabei wieder die Zwie-
sprache: was ist dein
Blick
über den Schwebenden hin
die Wellenkämme
ein bisschen Chopin

Nadeln kommen und Sand
über die Toten ich gehe
die Taschen voller Samen
durchs offene Tor

für Charlotte und Ulrich Grasnick

Jürgen Polinske

Mahnen?

Gerüstet, gepanzert das Zaubertier
Pizarro obenauf, o Herr
gehörnt ist sein Helm

Jetzt, aus dem Zentrum Limas verbannt,
steht sein Denkmal dichter am Rímac[1] -
Die Aussicht von dort ist besser
da er im Sattel blieb
auf seinem hohen Ross
nicht vom Sockel gestoßen

Das Kreuz mit seinen Kreuzen:
Sie waren Schwerter und donnernde Lanzen -
Er der Leibhaftige selber

Und noch immer ist Blut im Rímac

[1] *der Fluss durch Lima unweit vom historischen Zentrum*

Jürgen Polinske

Achupaya tilancia[1] -
Wanderin in der Wüste
Sie kommt und sie geht
mit dem Wind
Ob sanft oder stürmisch
er trägt sie ...
und kommt sie zur Ruhe
mit aufrechter Blüte, zum Licht
Sieben Leben sind ihr gewiss
dieser Katze unter den Pflanzen
Sie landet immer auf ihren Pfoten
wurzellos
im Sand

[1] *Eine Tillansiaart, (so wurde mir ihr Name aufgeschrieben) die in Caral zur Wegmarkierung und Gestaltung von Blumenornamenten verwendet wurde.*

Jürgen Polinske

Ihnen nach
möchte ich ziehen
den Lichtfunken am Himmel
die blinken, die wandern
näher kommen und näher ...
Das Ereignis zu Beginn dieser Nacht
ist Flattern im Herz, ist Freude
sind schneeweiße Spitzen von Federn:
Pelikane ziehen
landein

Jürgen Polinske

Aus dem Bullauge ein Blick
bestätigt das Monitorbild
Wir sind über dem Urwald
Manaus kommt in Sicht
Welch Glück
wir haben kaum Wolken

Im Grün bis zum Horizont
sind silbergraue Lücken
Linien vereinigen sich
wie Adern zur Aorta

Wasser-
Liebes-, die
Lebenslinien Amazoniens
ausgestreckter Hand

Jürgen Polinske

Im Vorbeigehen
immer wieder Vallejo[1]

Eine gemeinsame Decke haben Herrchen und Hund
Der Satz des Pythagoras macht sie nicht wärmer

Ob Mann, ob Frau, die Bauernköpfe gesenkt
Was hilft ihnen mein aufrechter Gang

Ein Mann geht vorbei an einer Frau, beide sind barfuß
Und im Vorbeigehen immer wieder Vallejo
Drückt mich, wie ihn damals, der Schuh

[1] *César Vallejo (1812-1938): peruanischer Dichter und Schriftsteller*

Jürgen Polinske

César Vallejo stirbt am Donnerstag
erinnert er am Montag sich
und in Paris
an Knochenbrüchen
durch Seelenschmerz noch aus Peru

Knüppel, Taue, Wolken
alle schlugen ihn
bezeugt am Donnerstag vom Regen

Ich dürste mit dem Mond
im Chimuhaus
dahin die Heiligkeit seines Spiegels
Wasser ohne Silberglanz
kein Gold mehr auf dem Sand
von dem hier mehr ist
als jemals in Paris
Nur Reste noch
dunkelgrau
Kein Regen mehr
Kein Zeuge

Ich leide mit dem Mond
in Hoffnung bis zum Sonntag noch
der an eine Regennacht erinnert
und sterbe dann
am Freitag erst

Jürgen Polinske

Himmel und Staub

Nach C. Vallejo

Das Frühstück im Bus lass ich nicht aus.
Kaffee und Surtido,
den Saftmix aus frischen Früchten gepresst,
dick und rosa und
erstaunlich: gar nicht so süß,
weniger als hier das Brot.
Ich hab noch ein frisches Hemd im Koffer,
mein Shirt von gestern aber
passt besser zur Wüste.
Im Takt kaut mein Nachbar - es knallt -
Panne - inmitten der Pampa.

Völlig entwöhnt zu lauschen
dem Blinzeln des Horizonts
mit Zirrus, der Wolke.
Ihr Name: Amigo.

Die Musik blieb im Bus, frei ist mein Ohr.
Ich höre die Wüste atmen.
Sand und Sonne schenken mir Kleider,
von Orange zu Gelb, in Himmelsblau.
Flaute in meinen Gedanken.
Steh, einen Augenblick,
wie die Erde:
still.

Jürgen Polinske

Lebensfrage

Wo den Schmelzwassern
Wege zum Meer nicht gelingen
bleibt wüst das Land

Wachsgelb brennt eine Sonne unter
Wolken bleischwer
Meine Augen schützt meine Hand

Was kann hier wachsen und
Wohnen will niemand
im steinharten Sand

Warum nur, worüber, sie kreisen
Was zum Geier suchen die Geier
fragt mich Verstand

Jürgen Polinske

Korallenblut

Flügel hat die Blüte
bevor sie erwacht
Sie kam als Schmetterling
nach Machu Picchu, blieb
mit Krallenwurzeln in den Häuserfugen
auf den Fundamenten, Felsen
Ein grünes Inkaherz
Begonienblatt

Jürgen Polinske

Lima liest

Zeitungen, entfaltet in Parks
bleiben in den Colectivos unterm Arm
Bücher an den Magistralen und
in den Seitengassen Bücher
Wie soll ich Büchermensch
dort keine Blicke wagen:

Vargas Lhosa in allen Varianten -
verständlich, er und hier,
zum noblen Preis
und Grass in vielen Sprachen
Von Allendes „Zorro" hohe Stapel
und Schock:
Offen liegt daneben
ein Exemplar „Mi Lucha"

Colectivos: Taxikleinbusse
Mi Lucha: „Mein Kampf"

Jürgen Polinske

Der Pelikan

Das Meer hat seine Federn verdorben,
die Sonne hat sie zu Asche verbrannt.
Er liegt, nassgrau und stumm, gestorben
inmitten Gerölls, ein Korn nur am Strand.

Jürgen Polinske

Sinnloser Versuch

für A. Döblin

Als ich nach Cusco kam,
die getürmten Steine sah,
fugenlos gefügte Festungsmauern,
zu Andenlöwenzähnen, zum Pumabiss
und im satten Grün, im fetten Gras
von Sacsayhuamán der Blüte Gelb,
ihr Asyl -

„Mensch, Bieberkopf", so ich zu mir
so im Brösel Berlins,
„klar, dat Versuche sinnlos sind,
die Butterblume zu ermorden"

Jürgen Polinske

Wunschkonzert

Die Musikergruppe reichte die Frage herum:
Wollt ihr Europäisches hören, etwas fürs Herz?
Zieht ihr Trauriges vor oder einen Scherz?
Das Zweite! antwortet mehrstimmig das Publikum.

Jürgen Polinske

Motivjagd

Der Inkafrühling in Lima ist kühl.
Was fehlt uns am rechten Tropengefühl?
Wir rasten, waren Stunden spaziert,
meiner Liebsten jedoch ist kalt, sie friert.

Fast glüht die Jacaranda dagegen in Flieder
und unter den Blüten ein rotes Gefieder.
Ein Vogel gibt sich närrisch, geradezu wie toll -
Für die Liebste ein Motiv, das aufs Foto soll.

In den Taschen, ihre klammen Finger suchen
den Apparat ... und ... „Endlich!", hör ich's fluchen.
Vorsichtig versucht sie aufzustehen,
sehr langsam an das Objekt heranzugehen,

das von Blumen auf den Weg, zur Nachbarbank,
dann zum Baum, den dicksten Ast entlang
flattert, trippelt und flötet, ziemlich wild,
vom hohen Zweig hinunter auf das Schild:

„Schont das Grün", wird dort erbeten.
Doch sie hat den Rasen schon betreten,
zielt mit der Digicam, und abgedrückt -
und kontrolliert; das Foto scheint geglückt;

Unscharf zwar, ein wenig, kaum.
Rotlatz pfeift indes vom nächsten Baum,
fliegt weiter durch den Park. Und Fluch -
misslingt ihr jeder weitere Versuch?

Eifer färbt meiner Liebe das Gesicht.
Hier aufzugeben? Daran denkt sie nicht,
bis es flieht, das rote Herz, durch den Verkehr
in das Graue über Limas Häusermeer.

Zu dicht der Dunst, das Wolkendach,
Limas Sonne ist noch schwach.
Meine Liebe, die Kamera am Arm,
lächelt, mit Tropenlippen, ihr ist warm.

Jürgen Polinske

Wer nicht hören kann ...

Die Wolken
Lid über Ufer und Felsen
Fast bedeckt ist der Himmel
Beinahe kein Wind
Sacht sind die Wellen
Flach und verspielt
Still ist die Stille
hat so gar nichts von Ozean

Sein Atemzug
der leiseste Seufzer
Wind und Wolkenspiel
ein Wimpernschlag
Eine Träne nur -
Trauer, Trotz, tolldreistes Lachen -
und wir sind nass
bis an die Ohren

Elisabeth Hackel

Berliner Hofgeschichten

I

Manchmal spür ich noch die Schatten
der feindlich fremden Ufer
und der geteilten Brücken,
dem Umschlagplatz für Tränenlasten,
damals, als der Abschied oft
unwiderruflich war.

Manchmal ein Erinnern
an geträumte Trainingssprünge
über Rost und Mauerdraht
in vereinte Höfe
und an den geheimen Schleichweg
für Kater und für Kinder.

Mein Traum vom großen Hof verblasst
im Nestschatten für Meisen.
In den Höfen wuchs Beton
und wurde sofort begrünt.

II

Als die Sonne mittags kam,
sah ich im Hof den brennenden Dornbusch
und erschrak vor dem Feuer,
wie Moses einst erschrak.

Als die Sonne fortging,
sah ich im Fliederstrauch
die roten Weinlaubblätter
und wusste, es ist Herbst.

III

Ihre Wolke rastete
mit dem Novembernebel
im Baum vor meinem Fenster.
Die Stare suchten zwitschernd Ruhe.
Für ihre vielen Stimmen
schien mir der Hof zu eng.

IV

Spatzen picken aus Meisenknödeln
letzte Winterkörner.
Märzwind jagt Forsythienfalter
und zerrt an Krokusblüten.
Die Hecke verhängt den Beton.

Elisabeth Hackel

Ostermarsch 2011

durch den sonnenverstrahlten
Pappelblütenschnee.
Egal, woher der Wind kommt,
wir atmen Fliederduft und pusten,
als wären wir noch Kinder
und müssten nicht mehr fragen,
ob das Cäsium dort
den Blüten auch hier ihre Zeit nimmt
im eiligen Frühling
fast alles zugleich.

Elisabeth Hackel

Mai-Erinnerung 1945

Als die Waffen schwiegen,
als das Eis aufbrach,
hoffte ich, dass Schwerter
Pflugscharen sein könnten.

Mondlicht fiel auf Obstbaumblüten.
Soldaten sangen an der Elbe
sich ihr Heimweh fort.
Im Burgteich quakten Frösche.
Ich dachte gläubig *Frieden*.

Der Augen-Blick
vereiste an der Kaltfront.

Elisabeth Hackel

Bordo Poniente

Geboren in Mexiko-Stadt
auf der Abraumhalde
Bordo Poniente.

Leben auf der Kippe
ohne Baum und Strauch
unter dem Geierhimmel
von Bordo Poniente.

Angstvoll illegal.
In einem Namen wie Musik
unbehaust zuhause sein,
in Bordo Poniente.

Elisabeth Hackel

Handelsgesellschaft

Man handelt
mit der Erde,
dem Wasser und der Luft
und legt Himmelsbläue
mit festen Zinsen an.

Man handelt
mit unsren vier Wänden,
mit Glauben, Frieden und Brot
und bringt unsre Angst an die Börse.

Man handelt
mit der Sprache,
spricht Recht, sagt wahr,
bezeugt und schwört
mit gekauften Worten.

Elisabeth Hackel

Monderfahrungen

So vieles wünschte ich schon
auf den Mond
und fragte nicht,
ob dort Platz sei.
Und manchmal wünschte ich mich
hinter den Mond,
wo man nichts sieht
und nichts hört.
Jetzt belle ich den Vollmond an
und wecke schlafende Hunde.

Elisabeth Hackel

Sieben Milliarden

Kein Warnschild wegen
Inventur geschlossen -
die Menschen werden ausgezählt.

Sieben Milliarden!
Nichts reicht mehr für so viele,
prophezeit die Angst.

Meine Hoffnung traut den Träumen
unzählig,
unberechenbar.

Elisabeth Hackel

Bestandsaufnahme

Inventur in Arsenalen -
entweder zu viele Waffen
oder zu viel Frieden?

Alles muss raus für die neue
Raketenkollektion!
Wir rüsten ab!
Feiern Sie mit!
Finden Sie unseren Superkrieg
bei einer Kaffeefahrt ins Blaue!

Elisabeth Hackel

Gegenworte

Ich sage
     Frieden,
     Krieg
einfach so vor mich hin
und höre verwandten Klang -

Ich schreib die Worte auf
und seh
ihre gleiche Mitte
R und I und E.

Ich glaub nicht an den Zufall,
denke
über das Lesen von Zeichen nach.

Elisabeth Hackel

Ich habe mich gewöhnt

Ich habe mich gewöhnt
an Döner, Pasta, Online,
an Beschleunigung,
an Pizza und Alleinsein
und an das Wort Friseurin,
an freie Wahl zwischen Übeln,
an meinen kurzen Atem
und an meinen Hauswirt
und langsam auch an Rikschas,
die beingetriebnen Dreiradkutschen,
und nun gewöhne ich mich
verwundert an meine Gewöhnung.

Elisabeth Hackel

Mauern

Ich kenne noch
die beschrifteten Steine
als Grenze zwischen den Nachbarn.

Sie luden zum Sitzen ein
auf dem Weg
zwischen hüben und drüben.

Wenn wir uns verschließen,
wachsen Mauern
aus der Angst heraus.

Elisabeth Hackel

Berliner Pressenotizen 2000

Man will das alte Schloss wiederhaben
und übt in der Schule den Hofknicks
und wie man sich richtig verbeugt.

Gestern schrieb man demokratisch
die Stelle aus für einen König -
Ein Kaiser wäre noch nicht tragbar.

Der Fernsehturm schwankte und bog sich,
als man den Palast heute sprengte,
der Dom hat kein Spiegelbild mehr.

Elisabeth Hackel

Als sie Zeit hatte

Als sie Zeit hatte
für ihr Klavier,
wollten die Finger
dafür nicht mehr taugen.

Als sie Zeit hatte
für ihre Bücher,
tanzten die Buchstaben
vor ihren Augen.

Als sie Zeit hatte,
endlich zu reisen,
war das Gepäck schon zu schwer.

Als Zeit war
für Umarmung,
war ihr großes Haus leer.

Elisabeth Hackel

Katerstimmung
Grau in Grau geschrieben

Wo graue Mäuse herrschen,
regiert von grauen Eminenzen,
Grauzonen, graue Ferne
und graues Einerlei,
wo Stare
grau und stumm
im Auge hocken.

Vor grauen Zeiten schon
das graue Elend stand
als Kater vor der Tür -
Ich lass mir keine
grauen Haare wachsen
um die grauen Zellen,
denn grau ist alle Theorie
im Morgengrauen,
wenn ich im grauen Nebel
den grauen Reiher suche.

Elisabeth Hackel

Fremdlinge aus den Anden

Die Sonnenblumen neigen sich
immer tiefer in den Herbst -
Die Fremden aus den Anden
spiegelten mir Licht
und meinen Inkatraum
einen Sommer lang -

Weite Reise
von Erdteil zu Erdteil
vom Kondor über den Bergen
zu den Krähen in meiner Stadt.

Vielleicht kam der erste Kern
zufällig über das Meer
im Lehm an der Schuhsohle
eines Matrosen.

Die Sonnenblume neigt sich
immer tiefer in den Herbst
vogelfrei
auf meinen Balkon.

Ulrich Grasnick

> *Für Ursula Braillard (herzlich und dankbar für die Nachdichtung meiner Verse und für die Lesungen in Versailles und im „Haus der vier Winde" in der Normandie)*

Monets Garten

I

Miniaturen des Glücks

Wer eintritt,
entdeckt die windbewegte Poesie.

Ein Garten, der einlädt
mehr zum Singen als zum Schreiben,

ein Garten,
der mich wünschen lässt,
der Leichtigkeit
mit Flügeln zu begegnen.

Statt Lärm
die lautlosen Trompetenbäume,
die Weide,
die das Wasser liebt,
ein Teich,
wo niemand Frösche jagt
und für den Abend zubereitet.

Hier will dich keiner
aus dem Paradies vertreiben -
kalt, blass und bitter
sind Worte jenseits
dieses Regenbogens
im versprühten Licht
des Wassers.
Düfte, Geschenke der Blüten.
Sie gehen verloren
und vergrößern die Sehnsucht.

Wenn in die Durchsichtigkeit der Luft
sich die Farben der Regenbögen mischen,
wenn sie wie Girlanden
ineinander wehen,
spüre ich meine Ankunft
in einer nie gekannten Leichtigkeit.

Staublose Haut
der Blätter nach dem Regen,
glänzender Festtag eines Gartens.

II

Nur hin und wieder
ein Zweig von einem Vogel
aus dem Gleichgewicht gerissen -
dann atmet der Garten
aufs Neue seine Balance.

Komm näher,
sieh über den Spiegel des Sees,
wie der Wasserläufer
darüber hinweg eilt
zum Ufer,
wo die Gottesanbeterin
in ihrer Starre
ihr Opfer
zu überraschen sucht.

III

Die Nacht hat dich erreicht.

Vorüber die Zeiten,
als Rot und Blau
ein Violett ergaben -

Der Maler hungert.
Der Tisch der Palette
bleibt leer -
die kleinen Schüsseln werden
nicht mehr gefüllt.

Als Wegweiser
zu Bäumen, Sträuchern und Blumen
bleiben allein die Düfte.
Ihnen kannst du noch folgen.

Aber im Winter
sind sie erfroren.
Sie überstehen weder
ein welkes Herbstblatt
noch bleiben sie ein Licht
für den kommenden Tag -

Die Nacht
hat dich erreicht.

IV

Allein stehst du
im maßlosen Raum der Düfte.
Aber wie armselig
empfindest du sie
in der Unsichtbarkeit
der Farben.

Aus Gewohnheit
nimmst du den Strohhut
gegen das grelle Licht.

Das Schwarz
hält dir die Treue,
ist die lichtlose Fähre
von einem Tag zum anderen.

Langsam
verrinnt die Zeit,
seit Tag und Nacht
im gleichen Dunkel
einer ungewissen
Ewigkeit verschmelzen.

V

Die Leinwand -
leer steht das Haus der Farben,
die sich verströmten
bis in den letzten Winkel
der Perspektive.

Jetzt kann das Auge
der Hand die Wege
des Regenbogens
nicht mehr beschreiben.
Er liegt erstarrt
auf der Palette.

Im Nebel
Relikte von Licht
und Dunkel.

Ein klarer Schatten
wäre schon viel,
das Leben des Gartens
anzudeuten.

Zu keiner Reise mehr fähig,
die Welt zu berühren,
außer mit tastenden Händen,
die Nacht
in den Augen.

Ulrich Grasnick

Verlassene Bäckerei in Nogent le sec

I

Ich vermisse
den Duft des Brotes -
die Luft ist einsilbig
ohne ihn.

Ich vermisse
den Weg zum Bäcker,
zu den hellen und
dunklen Broten,
aufrecht stehend,
wie der Weizen im Feld.

Damals lag eine
Geborgenheit
im Geruch der Gassen,
der aus der Wärme
der Backöfen strömte,
hier, wo der Morgen
in einer Wolke aus Mehl
aufstieg.

II

Die Sonne hatte
ein Gesicht aus Marzipan
und glänzte im verschlungenen
Zauber der Brezeln.

Wo ist der Regenbogen
aus farbigen Glasuren,
das Brautpaar
auf den Stufen der Torte.

Der Ort hat
keinen Bäcker,
keinen Treffpunkt mehr
für unsere Morgengespräche
über Sorgen und Freuden -
der Geruch der Bäckerei
nahm der Frühe
die Einsamkeit.

Ulrich Grasnick

Verlassenes Gehöft bei Nogent le sec

I

Den alten Mauern
die Ehre zu geben:
eine verwilderte Rose,
die Wachheit der Schwalbe,
flugschneller Schatten
durch die vom Wind
sperrangelweit aufgestoßene Tür.

Jenes Gehöft
hat nichts Beliebiges -
in der Erinnerung
der Fortgegangenen
lebt es weiter.

Ungestörte Oase
von Minze, Faltern
und Katzenaugen
mit grünem Schimmer -
jagdstilles Lauern
mit flinkem Blick
für ein Flugzeug
am Himmel.

Keine Verlassenheit,
nur jene von der Stille
zugelassene Vegetation -
Klette im Fell,
Brennnesseln,
die keinen schmerzen,
Brombeergestrüpp
überm Brunnen,
wo der Mond
keinen Spiegel mehr hat.

II

Lehrpfad des Todes
mit Einschusslöchern
und der schwarzen Silhouette
schräger Reste
eines abgebrannten Daches.

Aber der Efeu
lässt nicht nach,
sich aus der Erde
Kraft zu holen -

Der Winter schreckt
die Wurzeln nicht ab,
das Grün zu versorgen -

Efeu,
ein eigenes Leben
inmitten von Laub und Schnee,
grüne Flamme,
die aus erloschenem
Schornstein schlägt.

III

Efeu
fesselt den Baum
mit armstarken Tauen,
er hält ihn aufrecht,
umfängt das
morsche Holz
mit seinem Licht.

Schöne Maske,
das junge Gesicht
tarnt die Wunden der Blitze -

Welche Verkleidung,
dass wir den Namen
des Baums nicht mehr wissen.

Marko Ferst

Atemlos

Rote Zeilen
ferne Briefe
Sommerstrahlen
öffnen aus
Vergangenem

Du bist mir
eingepflanzt
das Schicksal
trägt unsere Worte
zum Ausgang

Dein trauriges
Gesicht
blickt mir
noch immer nach
ewig brennt
so ein Abschied

Noch immer
zurückkehren wollen
doch die Füße
sind mir gebunden
etwas schleicht oft
zu dir zurück

Es erkennt die
Fakten nicht an
und beruft sich
auf die Liebe

Marko Ferst

Spur nach Tilsit

Goldner Ahorn
leuchtet über die Wiesen
bunte Leiber weit entfernt
grasend und liegend
die Kirchruine
in nachgebauter Miniatur
zwischen Baumdickicht
nah am Ufer

In Blankensee
das Sudermannsche Schloß
hinterm Torbogen
Galerie mit Kaiserköpfen
weiße Holzbrücken queren
im waldüberspannten Park
irgendwo eine Säule
am Wasser
seine Lesebühne blieb
dem Erbauer verwehrt

Segeln nach Tilsit
leben nur noch auf Abruf
ausgeheckt von der Rivalin
Indre wittert den Mordplan
jedoch überraschend zündet
neue Liebe beim Ausflug
blau und führerlos
kentern sie
an der gefährlichen Stelle
Ostseewasser
er bindet ihr noch
rettende Binsen an
nur sie kehrt zurück
in Sudermanns Litauen

Marko Ferst

Durchreise

Unentwegt schneiden
wir das Brot der Anderen
selbst mein letzter Cent
wird Leben nicht mehr retten
und wäre mein Geist titanisch
Staub zu Staub
läge alles am Boden

Dünn
wie Papier
immer dünner
wird mir die Haut
die Laute
sie klopfen
sie trommeln
dünne Haut
schweigen und schweigen

Selbst die Ahnen
könnten nicht mehr helfen
dünn ist die Schicht
durch die immer öfter
aufersteht, sich ausbreitet
meine große Trauer
kein Atem, der genügt
das Richtmaß
wendet sich gegen uns

Ich bin ihr Tiger
sagt sie
Pranken sind mir gewachsen
der Seele hinzu
wo das Rettende wächst
droht sogleich die Gefahr

dünne Haut
die Messen sind gesungen
elastisch meine Sprünge
zwischen Nichts und Nichts

Gegen sich selbst ringen
aufstehen und kämpfen
und im Verlust
Gleichmut trainieren
trauern und trauern

Marko Ferst

Beute

Sie kannten die stille Botschaft
der Handel florierte blendend
was gab es schon groß auszurichten?
die Mammutherden sind Geschichte
auf den Marktplätzen wird Größenwahn
als Meterware verramscht
worauf kommt es nun noch an?
der nächste Reichskanzler
wird eine andere Uniform tragen
die Beute war vorher schon verteilt
der Sensenmann gelangt
zu neuen Konjunkturen
dagegen ist kein Glücksklee gewachsen
so blieb alles bei seinem Gang

Marko Ferst

Für die Liebe

Falterglück der Fantasie
lichtgetauchtes Erinnern
trifft uns die Spur der Worte
die stillen Botschaften
verstreut in unseren Briefen
ein dünner Faden
der uns hält

Es treibt uns auseinander
was das Schicksal so
für angemessen hält
vielleicht treffen wir uns erst
in einem anderen Leben
hier wünscht ich mir
es gäbe eine neue Chance
gegen alle Fakten
die das Unsinn nennen

Du hast mich berührt
gestimmt mit neuer Helle
Türen in mir geöffnet
für Räume und Gänge
die ich kaum vermutete
die von der Lust zeugen
mit dem Echolot
alles zu erkunden

So gerne würde ich sitzen
in meinem Garten und Haus
mit Tee im Sonnenschatten
mit deiner Tochter malen
ein Bild offen für Spaß
wo sie nichts mehr gelten
die Alpträume von dieser Welt
wertloses Altgeld

Uns fiele alles so leicht
wie eleganter Vogelflug
und jene Steine im Weg
würden Stufen
für gelungenes Leben
hohe Atmosphäre
die ruht um allen Disput
unsere fremden Sprachen
mischen sich
zu neuen Ebenen

So mögen sich halten
jene Stimmen und Stimmungen
die weben die Gänge
die halten die Neugier
alle die Zutaten
die verraten den Atem
aus dem sich speist
unverstellte Liebe
wo etwas vertraut ist
gut gefügt bleibt
die Spur der Jahre

Marko Ferst

Trockenzeit

Löwenblicke
sandige Landschaften
Himmelsspiegel
in der Savanne
tief unter steinernen Decken
Reste von
alten Reserven
naß und unerreichbar

Marko Ferst

Schaukelpferd

Mit dir in die Welt
immer mehr verblichen

Verstummt
sind sie noch nicht
die ersten Erinnerungen
Menschenkind
das jeder einmal war
die Zeugen

Waldtheater mit Lutscherfiguren
der erste Wespenstich
verkleideter Prinz
der lieber den Backofen
als Brot ausprobieren wollte
statt den Prinzen zu spielen
wie man mit dem Roller ausbüxte
der Kamerad im Kindergarten

Oder ist es schon
die Erinnerung an die Erinnerung?

Schaukelpferd
hausbodenverstaubt
hier liegst du vor mir
zersägt in Stücke
soll dich verheizen
ein Blick aus
einem ganz frühen Leben
ein Abschied

Auch Schaukelpferde
können aussterben

Marko Ferst

Versunkene Schätze

Aus schwarzem Granit
die Königin
mit Stirnband
und Uräus-Schlange
noch unter Wasser
trägt sie eine Maskerade
aus Blaugrün und Hellbraun
unzählige Sphinxe bewachten
einst die Tempel
an Ägyptens Küste

Von Meer und Beben
verschüttet und verschlungen
Goldmünzen, Ohrringe
unter Jahrhundertschichten
der Löwe reißt den Hirsch
und Herakles trägt
Bogen und Keule
wenn man das Geldstück dreht
Alexandrias Leuchtturm
ersteht nie wieder auf

Die große Zauberin
mit Kuhgehörn und Sonnenscheibe
Isis lächelt als Koloß
und in Miniatur
schützt die Schiffe auf ihren Reisen
das Kind vor der Gefahr
einst verlegte der Nil seinen Lauf
überall tonfarbene Amphoren
auf Stelen vertikale Textspalten
zeugen von Zöllen und Zehntem
gemeißelt in ägyptischen Zeichen
hinein in den dunklen Schlund

Gedanken im Kontext der Ausstellung „Ägyptens versunkene Schätze", 2006 in Berlin

Marko Ferst

Etwas in uns

Es lebt von der Hoffnung
zehrt von der Verzweiflung
verbündet sich mit der Liebe
und sucht sich einen Weg

Vertrauen baut es auf
es verändert sich langsam
man erkennt es wieder
die Spur verliert sich nicht

Angenommen, lernt man es schätzen
gibt ihm hin und wieder Nahrung
es ist mehr als Gleichmut
und weniger als Weisheit

Es taktet uns friedvoller
wächst auf innerer Freiheit
wir gehen in seinem Schatten
lassen uns ratlos zurück

Marko Ferst

Leuchtspuren

Von der Gravitation
etwas losgelöst
das Licht trägt sich selbst
fort von den
metallenen Bodenkämpfen
Aufstieg wagen
Widerstände verblassen
immer mehr dort
als hier sein
die Seite wechseln
so oft es geht
und trotzdem eintreten
für das, was ansteht
zwischen Licht und Erde

Marko Ferst

Kirschen

Hoch oben hängen sie
man rechnet in Prozenten
nicht in Sicht ist die Ernte

Saftige Kirschenkost
und Steine spucken
Revolutionen sind unkalkulierbar

Manche Preise lassen
sich nie bezahlen
die Stare schnappen zu

Im Winter blühen
weiß nur die Träume

Dorothee Arndt

zeit

du musst dich entscheiden kind
wo geht die zeit hin
die zeit geht nirgends hin
sie bleibt immer
nur wir gehen fort und verlassen sie
und tragen in den taschen ein bedauern
und haben
das uns nächste verloren

mach mir einen zeitverband
so dass sie immer bei mir bleibt
die zeit
und ich nicht fortlaufen kann
du wirst still werden
du wirst fühlen
was zeit ist
wenn du sie trägst

Dorothee Arndt

tänzerin

manege hinter erloschener hand
spürbar noch die arena, in der sie den kreis zog
wie sie hoch oben, auf gespitzten händen
den schwung vollzieht
der in ihren augen glänzt
wenn sie wieder still steht
und alles ist atemlos
dann lächelt ihr mund
ein geschwungenes seil
und springt mir
über die brücke zu

Dorothee Arndt

moorfeen

I

sie trinken nachtgetränke
aus dem moor
rauschbeerenübermut
im mühelosen schweben
ziehen sie ihren atem aus dünnem flor
im schattendunkel
aus lichtweisem mond

feinstimmig tragen sie das licht
in das menschenferne beet
aus blüten, schlaf und schlehen
verweilen sie nur im unfertigen tal
und rühren nicht am spiegel des wassers
am tau der stille

II

ein lied
unter ihren seraphischen schwingen
tönend aus ästen und zitternden zweigen
hebt den boden an
versinkt schon wieder
in der zärtlichen niederlassung
des nebels
im sonnentau fürwahr
wächst tropfen für tropfen
neu aus dem glänzen der zeit

sie hüllen sich
in die feinen fäden des wollgrases
und färben uns kleider
aus purpurfarbenem
vergehen des tags

Dorothee Arndt

rauch

umgeben mit der vorsicht des rauchs
reinigender rauch aus blüten gemischt
wenn er die waben leert
achtsam zieht er ein
in die von süße verlassenen räume
fein umhüllt er mich
weitet meine augen und ohren
schmeichelt meiner stirn
durchzieht mein gewebe
und ahmt mich nach
bis in die fasern meines herzens
greift er nach meiner seele
und heilt sie im steigen

Dorothee Arndt

ferne

ein milder zug von ferne
ein seichtes rosa hell
ich sehne mich zu schlafen
im weichen wolkenfell

die letzten wolkenreste
ziehn unermüdlich fort
im dämmerkreis des wassers
der bäume spiegelort

der himmel hat die sprache
die regung leicht gemacht
aus hoher lauer wölbung
folgt schon die tiefe nacht

Dorothee Arndt

unschuld

I

die welt in einen schneeball verwandeln
wenn der alltag läutet und die sehnsucht munter wird
die unschuld aus den haaren schütteln
sich in die steine der vergangenheit graben
einrollen in das grau der zeit
fern vom lauf der geruhsamkeit
die äste weben fantasien und sagen es mir nach
fein reibt sich der sand und zart die sonne
der spiegel des wassers sucht dich und du schaust

was unschuld ist
antwortet nicht
es ist in seinem tiefsten sinn
nicht aufgeweckt, noch nicht verraten
noch nicht gedehnt, bemüht oder betäubt

was unschuld ist
das hängt zum kleinen teil
mit der weißen wolle eines schafs
am drahtgewinde eines zauns
auf einer koppel fest

II

in ihre haare haben sie strähnen
von unschuld geflochten
doch in ihren mündern
stecken wurzeln aus blei
augen scharfen verstands
haben alle unebenheiten fortgekehrt
und die eigenen zusammengerollt
wie pferde über hügel geworfen

rätsel der verschwiegenheit
blicken aus ihren augen
doch könige lächeln unter ihren kronen
schau -
auf ihren händen glatt
wohnt ein strauch ohne linien

feinen sand noch in den schuhen
raunte es aus den rispen der zeit
über ihr enttäuschtes selbst
in das verlorene weiß

Dorothee Arndt

gegenseitige fremde

zwei augen streifen die nacht
könnte ich dich sehn
sagt das eine
und das andre, es lacht

einander vertraut
und sich doch nur von ferne gesehen
in des eigenen oder anderen blick
gehn sie gemeinsam
und stehn still

in traumfalten ihr antlitz
nach innen bannen bilder
bis die dämmerung erwacht
und an die farbigen tore
des schlafes pocht

Dorothee Arndt

> *„er ist nur halb zu sehen*
> *und ist doch rund und schön"*

schatten

I

weich wie der mond
und kühl wie sein auge folgt er
selbstlos im wachen
bildet er schlafwandlerisch gleichnisse ab
und gibt mir im zurückweichen
den boden aus der tiefe
weich wie der mond
und kühl wie sein auge folgt er
solang er mich mitnimmt
steht er unvergessen still

II

ein schatten durchkreuzt mein gesicht
das dunkel macht
dass er wieder bricht
dünn wie glas

ziehe ihn hinterher
gleich einem schattenhund
mit salamanderaugen
die wärme des tags
in seinem fell
noch gespeichert

er fällt dunkel aus
wie hinter einem baum
hält er mich verborgen
bis licht die schwärze löst

III

die verborgene zeit des fühlens

sie fallen dunkel aus
gegen die helle
lassen sich nicht anstecken
aber ihr verhaltenes licht kühlt
wenn aus deinen augen
und in mein herz
die scheu tritt
und das
ich-weiß-nicht-was-es-ist
obwohl ich sie spüren kann
die verborgene zeit des blühens

Dorothee Arndt

schnitt

du hast einen schnitt getan
in die erde
glatt vernarbt
so unversehrt gespalten
fast schön diese narbe
fast zärtlich dieser bruch

dass ein schnitt auch gut tut
sagst du
und ich begreife und sehe

abgewandelte linien
die zu ihren fluchtpunkten fließen

Dorothee Arndt

herbstzeitlose

I

wir tun einander weh
wenn wir so gehen ohne zu grüßen
wir erkennen uns im schmerz
suchen die öffnung im stein
um sprechen zu können

wir mahlen körner und erklingen
stoßen in stiefeln auf flächen
deren schönheit sich nicht einengen lässt
wir teilen die sehnsucht der bilder
den klang, der weich ist
und tief fällt

II

wir verwandeln uns in ein blau
eins zu sein mit dem himmelston
wir greifen dem schwan ins gefieder
und bleiben im sagen
mit einer feder
unbeirrt weiß

Dorothee Arndt

nachtzug

entlang des schmalen pfads
wo die wildkirschen in blüte stehn
trieben zwei schwäne
durch den schatten des holunders
fingen seine kühle
in den weichen schalen
ihrer nacken auf
schwammen weiter
in fleckigen bewegungen aus licht
das die dunkelheit wusch
und dennoch bis zum morgen
sterne und spiegel
in ihrem gefieder erlaubte

Dorothee Arndt

mir selbst

immer zwingender das gefühl
dem inneren druck nachzugeben
zu sehen
wie heilsam es ist
wenn das wasser
über die ufer tritt
und die trockene erde benetzt
heilsam, wenn sich im verletzten hafen
die boote wieder aufrichten
und der freie atemzug
ihren segeln
die form eines flügels verleiht

Dorothee Arndt

begegnung

als holten wir den sommer nach
atemlos in versen
über vorgärten hinaus
im blassen echo der rosen
um noch an das grün
der knospen zu rühren
liefen wir einander zu
über wolkenbrüche
aus aufgetaner weite

haben wir langstrecken ausgehalten
ein stück zeit
hinübergerettet
verlängert die spanne des seins
wundheilungen
ein arom
fließt über die liebe uns zu
welche sich dennoch verschweigt

Die Gedichte von Dorothee Arndt sind aus dem Zyklus: „ein versuch die seltenheit zu spüren". (Der Titel dieser Anthologie „Seltenes Spüren" ist davon inspiriert.)

*Druckgrafik von Dorothee Arndt
„rund", 15 x 14,5 cm, 2005
Kaltnadelradierung auf Büttenpapier*

Reinhard Kranz

Torso

für Werner Stötzer

1

das müde licht
kam von der roten sonne
als unsre wüsten neu gebaren
begruben wir für einen augenblick
die eifersucht
geschlagne steine standen auf
so wurde uns
der späte torso

damals hielt ich
knapp schenkelhoch
etwas wie einen körper
der kippte
in die restwarme asche
mit üblichem singsang
kurz fand ich eine weiche haut
die rührende lippe
bis der zeiger
ins mündungslicht rückte

später fiel unser glück
ins vielschichtige glas
und ich stieg höher am vers
zum schweigen zu schwach
zu oft den lügen verschrieben

2

dann ergriff der meißel das wort
dieses fallbeil
unnützer ausbuchtung
mich umgab für augenblicke
ein leuchtendes bild
alles andere verdrängend
ein torso ohne erinnern
und ein gedanke wuchs
auf dem grund
einer grünen flasche

da weinte der spiegel
ich verhing seinen einwand
mein handeln rächte sich
nur die schräge verbeugung
vor den opfern gelang

ich folgte der spur
der goldenen hüter
leeren auges die gier zu stillen
farbschichten fielen
vom unfertigen ab
mein mond trug
das scheitern mit fassung
der geschaffene torso ähnelte
einem kieloben treibenden
kahn

3

verwandlung folgte ergebenheit
ein torso ohne zorn und lust
schwach schlurf ich
zwischen bruchstücken
mit befleckter struktur
restfarben verwaltend
derer bin ich gewiss
seit ich mich von deinen
vorgaben davonstahl

so war die liebe
träge betrogen
eine morsche pappel
des meißels nicht wert

der mond wird geldhart
zeit wetzt sich
an seinen gebeinen
diese knochen
sind irgendwie endgültig
ein stein sind sie nicht
und niemals ein torso

Reinhard Kranz

Wirklich

kein vorwärtskommen
in der märkischen pampe
zum lahmen spiel
im zugerichteten park
wo all diese luisen
und henrietten
schon in ohnmacht fielen
bevor noch die horden
rötlicher reiter
die stadttore erreichten

ich sah irritiert
auf die beine der stadt
mitten im tierschweiß
und steppengeruch
tamerlan sah ich nicht
der war im asphaltkrater
einer unterspülung
versunken

dann blieb auch noch
die u-bahn stecken
und ich musste zu fuß
durch die städtische currymasse

Reinhard Kranz

Böcklin an der Wuhle

ich werde mir langsam unbekannt
vergangenheit eine zu oft genannte
kritzelt sich selbst an jede wand
und lauert an jeder häuserkante

auch wackelt die axt an ihrem stiel
stumpf ist die uralte eisenklinge
ein bogen zur not - ein pfeil im spiel
ich erfinde vergangene dinge

ich wage es kaum mich umzusehn
und suche die einsamen orte
mein schatten will eigene wege gehn
ich murmle gewesene worte

Reinhard Kranz

Es liegt nahe

du kaust an den nägeln
beißt in die hand und den hund
borussia gegen fortuna
hilft alles nichts
auf zur frust-meisterschaft
im chipsfressen

bildschirmgeflacker
liegt nahe, wird eng, bleibt vage
die pappwand steht schief
auf den regalbrettern
kann man nicht sitzen
china lässt grüssen

murks und ein märchen wird wahr
nach zehntausen jahren geduld
ist es endlich soweit
wir verlassen plappernd
unseren geschredderten tag

Reinhard Kranz

Florence singt

ziemlich nervös
zerdrückst du
den winzigen süßstoff
im glas
und die strassige libelle
an deinem revers
hängt auf halb sieben

allzu lang kann ich
dich nicht mehr in den spiegel
deines glases säuseln lassen
sonst fällst du hinein
in deine himmlische
hochkultur

schmeiß doch deinen song
vor die tür
grad kommt ein hund vorbei
weiter unten am boulevard
singt er sich dann
das herz aus dem leib

Reinhard Kranz

Herbstgeschehen

kann nicht endlich
der mond aufgehen
schnee fallen
auf all den unsinn
den dieser herbst
über uns ausschüttet

die krähe ahnt es längst
wetzt ihren schnabel
über der vergeblichkeit
dem mühseligen werben
der gespielten verzückung

eine schwere kastanie
fällt mir aufs haupt
klar dass mein hirn
nach solchem hinweis
mit dem denken aussetzt
schwankende sterne
flimmern vor meinen augen
sanft ziseliert
als abschiedsmuster
vor lauter lust könnte ich
eisblumen fressen

Reinhard Kranz

Treibgut

die dekadenz
von euch erfunden
hinter gewesenen mauern
ich zog damals aus dem tal
der entbehrungen
und ihr
mit falscher behauptung
um meinen behüteten ort

ich fand meinen hafen
wenn auch nur
kopfüber treibend
ihr wolltet mich
aus dem wasser ziehen
gern auch als leichnam

doch unten war schon
mein entkommener zwilling
von dessen existenz
wusstet ihr nichts

Reinhard Kranz

Rummel am Dom

ehe mein herz
erstarrt
in schneedichter stille
schutzflehend
bet ich ohne ein wort
auf den lippen

domsäulen streben
frei vom glauben
hoch zum kupferdach
dort zieht vorüber
qualm von holzkohlefeuern
musik mit bratwurstgeruch
krähen und tauben
erfinden ihr eigenes lied

diese stadt ist
von gefiederten dieben
besetzt
und ein aufwieglerheer
strömt über
die eisigen brücken

Brunhild Hauschild

Andenken (Arbeitsatmosphäre)

Sie alle
erzählen Geschichten
von fernen Ländern,
von bunten Basaren,
von Geburtstagsfeiern,
von Trostmomenten,
von Freunden,
die sie für mich ausgesucht haben.

Andenken,
zwischen den Blumentöpfen
auf dem breiten Fensterbrett,
in den Regalen,
auf der Sofalehne
sehen sie mich an.

Hölzerne,
steinerne,
bemalte,
gebrannte,
gegossene,
gefaltete,
genähte und
lachende Elefanten.

Sie alle scheinen sich zu freuen,
dass ich wieder Platz nehme
am Schreibtisch
unter dem breiten Fensterbrett.

Brunhild Hauschild

Bestandsaufnahme

Wie viele Jahre?
Wie viele Haare?
Wie viele Falten
gibt's zu verwalten?
Wie viele Pfunde
wieg ich zur Stunde?

Noch Zähne im Munde,
wie viele gesunde?
Vom Scheitel bis zum Po
was, wie viele, wo
Ersatzteile en gros?

Nun bin ich gecheckt,
Bilanzwert entdeckt,
Abschreibung komplett -
vom Wesen her nett!

Brunhild Hauschild

Hierapolis

Über den Sarkophagen
leuchtet der Tod
aus der Mohnblüte.
Eidechsenaugen,
kleine Perlen
zwischen den Steinen.

Die Geschichte spricht zu mir,
magische Botschaften
überbringt mir der Wind.
Aus den Gruften,
Stockwerke hoch,
Stimmen
der staublosen Zeit.

Brunhild Hauschild

Kein Spuk

Als ich die Turmuhr hörte,
hing der Mond
zwischen den Zweigen,
geduldig
seinen Kreis zu vollenden.

Kein Käuzchen schrie
in der Nacht,
es war noch nicht zwölf
auf der mondhellen Uhr.

Als es dann Mitternacht schlug,
verschwand mein Mond
in den Wolken
und überließ
der Turmuhr
die rastlose Zeit.

Brunhild Hauschild

Letzter Bienenwagen von Altlandsberg

-1-

Kein Summen mehr
im alten Wagen,
kein Honigduft,
die Waben zertreten
unter der Blüte von Hasel
und Birke.

Der Frühling bringt
es an den Tag:
die Kästen leer,
die roten, die gelben,
die blauen.
Die Farben haben
keine Wohnung mehr.

Keiner wird den Wagen bewegen,
wenn der blühende Ahorn
die Bienen erwartet.

-2-

Im Sommer haben die Obdachlosen
hier einen Platz gefunden.
Heute sind sie früh schon ausgeflogen.
Einige Flaschen noch
von der Nacht
auf den Stufen
des alten Wagens.

Ich sehe die Männer
auf den Bänken der Stadt.
Müde blinzeln sie
in die Sonne.
Gemeinsam mit den Wespen
suchen sie nach Brauchbarem
in den Körben am Markt.

Brunhild Hauschild

Mexiko, Quintana Roo, Xcaret, Xibalbá

Regengott,
lass Bäume wachsen
und blütenreiche Büsche,
bewahre uns die dampfenden
Quellen des Paradieses
aus den heißen Tiefen der Ruhe.
Den Tempel bewacht die Schlange.

Kleine Grabhäuser,
buntgeschmückt,
mit Nähmaschinen bemalt.
Ein farbiges Gewand
über ein Kreuz gehängt.

Im Gewölbe der Pyramide
hat jemand Kerzen aufgestellt.
Sie flackern in der dünnen Luft.
Das leise Rauschen von Wasser
vermischt sich
mit den Stimmen der Toten.

Brunhild Hauschild

Mückenjäger

Dichte Schwärme,
Mauersegler.
Ihre Schreie
schwellen an und ab.
Aus ihren Kolonien,
den hohen Zypressen,
brechen sie hervor,
Mücken jagend,
schnellen auf und ab.
Finden in den Bäumen
wieder ihren Platz.
Unsichtbar.

Brunhild Hauschild

Taurusgebirge

Noch sind die Berge weich vom Schnee,
ihre kantige Schroffheit verborgen.
Noch weiden die Schafe im Tal.
Nomaden schnüren die Zelte,
sie spüren den Frühlingsfön.

Schatten verdunkeln das Weiß,
Spiel von Wind und Wolken.
Wandervölker ziehen
in die Berge auf Pfaden,
jahrhundertealt.
Die Glocken am Hals der Schafe
läuten die Wege wach.
Der Aufbruch macht den Taurus lächeln.

Brunhild Hauschild

Wie ein Bienenkorb

-1-

Glänzend
die Domkuppel
in der Frühlingssonne.
Auf ihrem Rund
zwei Bienenvölker.

Hier haben sie ihre Adresse,
hier sind sie willkommen.

-2-

Die Kuppel
wie ein goldener,
großer Bienenkorb.
Für Augenblicke,
wenn die Glocken schlagen,
scheint alles still darin zu sein.

Im Innern das Stimmengewirr
vom Volk der Touristen.
Die Domführer
müssen langsam sprechen,
der Nachhall ihrer Stimmen
wie jenes Summen.

Brunhild Hauschild

Yucatán

Mexiko im November 2011

-1-

Dem Land schon nahe,
ging ich zum Schamanen,
der mich und meinen Tag
segnete.

Mayareich,
ich schwamm durch
deine unterirdischen Flüsse,
erfrischte mich in deinen Cenoten,
schaute von den Pyramidenstufen
in deine Unendlichkeit,
schmeckte die Früchte
deines Regenwaldes,
spürte seinen feuchten Atem.

-2-

Kukulkan,
hast mir die Geheimnisse
deines Reiches gezeigt,
hast mich
die Mangroven bewundern lassen,
und meine ständigen Begleiter:
Flamingo, Pelikan
und Kormoran.

Ich atmete eure Träume,
war eins mit ihnen
und mit euch.

Peter Frank

Landschaft in der Nähe

Unter der kreisenden Stille
sind die Felder aufgeschlagen
wie Bücher. Unausdeutbar
die alten Schriften der Bäume.

Die Zäsuren der Knicks
behindern den Blick nicht,
geben ihm Halt, machen die
Landschaft erkennbar. Landschaft,

die keine Beweise braucht,
die Höhenflüge verabscheut,
sich an die Erde hält -
harte schwarze Furchen.

Pfützen bis zum Sommer.
Windräder, einzelne Gehöfte,
die Gatter schief. Immer
ein kleiner Wind in den Birken.

Peter Frank

Kaduna

Siesta
neben den Gräbern.
Gottgewollt.

Lehmhütten.
Ein einziger Fernseher.
Torschreie.

Regen.
Ein Mythos wie
das Morgen.

Brennholz.
Lohn genug für den
Tod.

Die Krume, erschlagen
von der gelben Pranke
des Windes.

Wasserlöcher
wie die Münder
alter Frauen.

Hirten
mit ruhigen Gesichtern
ziehen südwärts.

Die Rinder -
Schatten, geworfen
von Knochen.

Das Blut Abels
verbrannte unter dem
Mangobaum.

Peter Frank

Kleines Gedicht für die Erde

Wie im Tjost stürzen
die weißen Schilde herab.
In den Augen der Eisbären
vergeht die Ewigkeit.

Zwischen den Kopfhörern
leben wir mit den Worten.
Wir haben keine Sprache.
Wir glauben den Bildschirmen.

Das Summen der Ähren,
stillgelegt von den
Erlassen ohne Gesicht.
Weidwundes Land.

Bohrinseln wie Insekten.
Blut, schwärzer als Tusche.
Wer malt den letzten Albatros?
Wer glaubt dem Meer?

Die Company dröhnt Licht
in das devondunkle Grün.
Wir erkennen uns nicht im
Rauch der Brandrodungen.

Nach zwei Ernten
ziehen die Bauern weiter,
folgen den Motorsägen.
Die Wüsten wachsen.

Peter Frank

Ortschaft im Norden

Tief geduckt unter den Ruf der Wildgans.
Das Reet, rau, gealtert wie ein Mensch.
Von Möwenflügeln geschliffen die Firste.
Manchmal fällt ein Regen, feiner als ein Halm.
In der Durchfahrt, in die Augenwinkel buchstabiert,
wie von einem Baum, das Wort Schankwirtschaft.
Die Initialen an den Häusern. Das Wappen.
Für die, die hier ihr Immer haben, ist die Inschrift
gültig, gedunkelt, eingegraben, greifbar in der
Radspur der Jahre, im schwarzen Tanz der Frauen.
Irgendwann sind abgedeckt die Feuer der Dächer.
Zwei Männer vor dem dämmrigen Mund einer Scheune.
Der Ältere hat nie aufgehört, seine Arbeitsjacke
zu tragen oder den Himmel zu betrachten.
Sein Blick kehrt wieder im Gesicht des Sohnes.
Ruhig wie der Abend.

Peter Frank

Inselkirche

Der Turm. Weiß wie ihre Segel.
Unter dem Ticken der trockene
Geruch der Gesangbücher.
Die Bänke. Die Kanzel. Der Altar.
Einfach wie ein Gleichnis.
Die Deckenbalken. Roh.
Entrissen dem Meer.
Drei Kronleuchter für den Wal,
der Stimme Gottes.
Geschnitten aus Holz
die Blicke der Zwölf.
Immer noch schmerzen die Hände.
Der Taufstein. Alt & rau wie die See.

Peter Frank

Am Ende der Insel

für TT

Das Mysterium der Steine.
Die alten Frachten des Himmels.

Das Nichts wie ein Haus vor den
Augen eines Blinden.

Vor der weißen Stirn der Dünen
segeln die Silbermöwen.

Lautlos gleiten dahin -
die ersten Gedanken der Welt.

Peter Frank

Masar-i-Scharif

Kein Stiefel setzte seinen Absatz
in den Nacken der Berge.

Kamele. Ewig kauend.
Gleichmütig wie der Staub.

Fremd wie die Särge
unter den Fahnen.

Hippieaugen
sahen die Schönheit in den

wehenden Burkas vor der
blauen Moschee.

In den Schulfenstern -
Mädchenstimmen wie Frühling.

Peter Frank

Präludium

Niemand nennt die
Namen der Bäume.

Noch füllt Laub die
Stille der Brunnen.

Harschig
die Hungerspur,

die herüberführt vom
alten Jahr.

Doch hörst du nicht?
Dort unterm Eis -

leise wie ein Blatt -
ein neuer Ton,

als stimme einer
die Gitarre.

Peter Frank

Die Toten der Straße

Wenn die Hand des Herbstes die
Schatten der Chausseen verdunkelt -
rehbraune Bündel, zusammengerollt
wie im Schlaf zu Beginn.

Eine Plane, ein Karton, ein Spanngurt.
Im Näherkommen die Schnauzen, die
Augen, aufgerissen im Staunen über
die Lichter der fremden Welt.

Körper, darin die Wärme des Waldes,
intakt, amputiert, Puppenglieder,
animiert von den Fingern des Windes.
Schwinge. Schlagend wie eine Tür.

Was Schönheit war, Form & Sprung,
daran die Krähe ihren Schnabel wetzt,
buchgleich flatternd, gierig, zerrend am
Luder, glotzend durch eine Maske aus Blut.

Aufgespießt. Überrollt. Mitgeschleift.
Ausgeblutet. Getrocknet. Mumifiziert.
Blätter, die keiner mehr entziffert unter der
Braille aus Bitumen. Intarsien im Asphalt.

Peter Frank

Landschaft bei Büsum

für Kim

Bäume,
früh & für immer
gebeugt,

vom
muskulösen Arm
des Westwindes.

Büsche,
geduckt, standhaft,
zerzaust

wie zu oft benutzte
Rasierpinsel
unter dem

blaugrauen
Bartschatten des
Oktoberhimmels.

Vögel -
hineingeschleudert,
flatternd, schwarz

wie Arbeitshemden
am
Waschtag.

Peter Frank

Vom Geigenbau

Ahorn, Fichte, Akazie -

die stille Arbeit der Erde,
die harten Blicke der Berge.

Sturzgeräusch wie
splitternde Knochen.

Das Atelier aus Licht, Geruch,
der Meister in Demut. Er fühlt

das Relief des Windes, hört das
Rauschen in der Muschel des Holzes.

Hobel, Laubsäge, Stecheisen -

aus den Instrumenten, die
immer feiner werden wie der

Staub am Ende des Sommers,
aus dem Wissen, aufgeschichtet wie die

Ringe von der Langsamkeit der Jahre -
die Skulptur verborgen im Stein -

ragt auf der Ton wie der Baum,
aus dem er geschlagen wurde &

verbarrikadiert den Konzertsaal mit
Stille.

Günter Kunert

Anruf

Jemand sprach
oder sagte auch bloß
beiläufig: Hüte dich vor allem
vor dir selbst.
Solche Stimme aus dem alltäglichen
Dunkel, wie es uns fortwährend
einhüllt, sie wäre eine
meinesgleichen, übertönt
vom Gelärm des Windes, des Wetters,
vom Rollen und Grollen
üblicher Räderwerke. Und
so nebensächlich und bedeutsam,
daß unbestimmt bleibt, woher
eigentlich die Drohung gekommen.

Günter Kunert

Lesestunde

Das weiße Blatt Papier
verliert seine Unschuld,
weil es beschriftet wird. Buchstaben
täuschen Wirklichkeit vor,
die es in Wirklichkeit gar nicht gibt.
Ins Werk gesetzt
von berühmten wie unbekannten Fälschern.
Ihnen entquellen unwiderruflich
Satzfäden
von Land zu Land
und spinnen uns ein.
Gefangen im Netz der Worte
vergessen wir uns und einander,
bis wir selber zu Papier geworden,
archiviert in Nichtigkeit, Amen.

Günter Kunert

Kommunikation

Früher war alles ganz
anders. Nämlich so, wie morgen
das Heute sein wird. Dann
wird man staunen, wie sorglos
wir lebten, nämlich so,
wie die vor uns gestern
ihre Tage verlaufen ließen -
wie in eine brüchige Zisterne,
aus deren Schlamm
wir unser Mana schöpften.
Unsere Zeit ist zu sehr bemessen,
um einander mehr sagen zu können,
als daß wir einander
nicht verstehen. Das jedenfalls
haben wir als einziges
verstanden, aber bloß
soso.

Günter Kunert

Diskurs

Jede Stimme sagt etwas
anderes, obwohl dennoch
das Gleiche betreffend.
Doch was ist eigentlich das Gleiche?
Was jede Stimme anders sagt.
Und das hast du nicht gewußt?
Du hast eben nicht recht
zugehört, bis deine Zeit
abgelaufen war
wie verbrauchtes Waschwasser
in irgendeine Tiefe, ins
hinterhältig Unergründliche,
aus dem stetig dieselben
Quellen entspringen.

Günter Kunert

Befund

Im Menschenstrome dahin
hastend durch Raum und Zeit.
Suchend nach etwas Sinn
in all dem Jammer und Leid.
Molekulares Treiben
schon von Anfang an.
Und so wird es bleiben
für dich und für jedermann.
Fortwährendes Vergehen,
auch wenn man es nicht mag:
kein Wiederauferstehen
an einem jüngsten Tag.
Einmalig stets jedes Wesen
und hat es doch nicht gewußt,
weil niemand das Urteil gelesen
in der eigenen Brust.
Von Nichtigkeiten befeuert,
wie es von jeher war -
als einziges erneuert
sich das Ende immerdar.

Charlotte Grasnick

Telefonzelle

I

Die Zahlen
in meinem Gedächtnis,
der verborgene Schlüssel
für die Türen
in der Ferne zu dir.

Ich stehe im Glashaus,
von draußen wirft Lärm
wie mit Steinen nach mir.
Manchmal schrei ich
die Kehle mir wund,
spreche ins Leere.
Vor mir die Glaswand,
die kein Geheimnis verschließt -
wir müssen uns beiden
eine Sprache erfinden,
die niemand dort draußen versteht.

Wenn der erste
gegen die Scheiben klopft,
hätte ich noch vieles zu sagen.
Ich stelle mich
blind und taub,
drehe mich
aus fremden Blicken.

II

Ein kleines schwarzes Rad
bringt mich zu dir -
zwischen den Speichen
leuchten Zahlen,
es rollt mich
aus dem Alltag
in die Landschaft deiner Stimme -
durch das Nadelöhr
eines dünnen Kabels
habe ich dich
unversehrt erreicht.

III

Erwartungsstille -
Besetztzeichen: rote Ampel,
daß wir mit Worten
nicht aufeinander zugehen können.
Zweifel kommen -
mit wem sprichst du solange?
Wieder das schwarze Rad
wie ein Glücksrad drehen -
mit wem sprichst du solange?

Wenn ich das Freizeichen höre,
schweigt die Nacht
schwarz und antwortlos -
wohin bis du gegangen?

Charlotte Grasnick

Atelierbesuch

Manche Bilder
wie Landkarten,
weit entfernte Geographie -
uneingeweiht in ihre Geheimnisse
ahnte ich kaum ihre Wunder.

Dann kam er,
der Maler,
trat aus dem Dschungel seiner Bilder,
der Eingeborene
seiner selbstgeschaffenen Welt.

Er breitete seine Schätze aus,
stellte Körbe und Früchte
vor mich hin.
Zwischen Staffeleien und Rahmen
Bäume und Wolken,
Dörfer und Segel,
Gitarren und Fische.

Er öffnete das Fenster
und die Leinwandstraßen
und Häuser füllten sich mit Lärm,
mit Schreien und Verstummen.

In die Bäume zogen
die Vögel ein,
und ihr Gesang
drang aus dem
kaum getrockneten Firnis.

Dann schloß der Maler
das Fenster,
aber die Dinge wurden
nicht mehr
von ihren Stimmen verlassen.

Charlotte Grasnick

Mein Kopf sinkt
schwer an deine Schulter,
ich hab ihn lange
grad gehalten
und bin dabei
so müd geworden.

Und du sagst
weiter nichts
als meinen Namen,
so mühelos,
so selbstverständlich,
als wär ich ewig schon
bei dir zu Haus.

Charlotte Grasnick

Meine Mutter auf dem Totenbett

zu Otto Dix

In das Kinn gesprungen als ein mächtiger
Wille der Tod.
Der Mund keine Bitte, kein Ruf, kein Kuß,
der Mund atmet nicht mehr die Erfindung
des Hirns.
Viel Hoffnung war, daß eine Hand, der du
vertrautest, dir das Licht aus dem Auge streift.
Endgültiger keine Signatur als das Datum des
Sohnes unter dem Totenkissen, unter den
Blumen, die ihre Farbe scheuen.

Charlotte Grasnick

Interruptio

Die Entscheidung endgültig.
Kein Paragraph, der erniedrigt, der quält.
Ein zukünftiges Wir braucht mehr,
als nur ja oder nein zu sagen.
Wenn das Maß an Zweifeln und die Sorge
um das Kommende zu groß ist,
wird der Raum für das Licht,
das ein Kind braucht, zu klein.
Es fühlt alle Schatten bis hinein
in die Blindheit seines Ungeborenseins.

Die Entscheidung endgültig.
Unter Faustannebel freundliche Schwestern,
der Operateur hinter grünbespannter Wand,
lückenlos reihen sich die gewohnten Griffe.

Das Erwachen danach,
Verwunderung,
der Eisbeutel, das warme Bett,
das erste Essen, der erste Besuch,
der Geruch einer Apfelsine,
die Blumen auf dem Tisch,
auf der Raucherinsel die erste Zigarette -
Durchatmen vorm Fenster
und sprechen von den Kindern
zu Haus.

Charlotte Grasnick

Pusteblume

Dein Haupt
eine Kugel aus Federn,
auf langem einsamen Stiel.
Sofort zerfällst du,
berühre ich dich.

Dein Sommergesicht
hat sich verwandelt,
aus sattem Gelb
gingst du hinüber
ins silbrige Grau -

Aus kindlichen
Träumen
schweben
kleine Fallschirme
eine Weile
über die grüne Wiese.

Charlotte Grasnick

Kirschen

Voll und dunkel
hingen die Äste
bis zur Erde hinab.

Im Juni kamen die Stare,
wild vor Begehren.

Etwas noch bargen
wir von der Süße
in uns.

Charlotte Grasnick

Rapunzel

Mein langes Haar
streifst du zur Seite,
um mein Gesicht zu sehn.

Und dennoch, der Zopf
muß ab -
mein langes Haar
eine endlose Klage,
schon dünn
an den Enden -
in Gedanken
auf ein Spinnrad geflochten.

All die Schleifen,
mit denen mein Haar ich band,
die blaue aus Samt,
die schwarze aus Seide,
kindliche Attribute,
verflochten
mit weit entfernten Erinnerungen.

Mein Haar,
an dem du dich hoch schwangst -
mein langes Haar
auch ein Spielzeug
in deinen Händen.

Du wirst mich lange suchen -
mein abgeschnittenes Haar
mit deinem eingebundenen Blick.

Charlotte Grasnick

Ich habe keinen Beweis
am Morgen für meinen Traum -

Der Tod kam,
als die ungeladenen Gäste
die Äpfel von den Bäumen rissen -
wie viele Stimmen vor der Zeit
haben die Bäume verloren -

Wenn man das Gespür
für den Baum verliert,
stirbt der Eifer dahin,
sorgfältig jeden einzelnen
Apfel zu pflücken.

Wie ausgelöscht
war mein Gefühl
für das Blühen
mit dem Tod
meiner Großmutter.

Charlotte Grasnick

Atelierbesuch II
Adagio der Bilder

Sie haben sich für immer
aus der Eile ausgeblendet,
ich habe sie betrachtet
ganz früh am Morgen,
wenn der Maler schläft.

Sie rufen mich,
sie fragen mich,
sie strafen mich mit Blicken,
als wäre ich zu früh
in ihre Stille eingedrungen.

Sie haben sich für immer
von der Hast des Tages losgelöst -
da sind die Blicke,
die nach innen lauschen,
da ist der Mund,
der spricht
und dennoch über alles schweigt.

Charlotte Grasnick

Nachwort

Am Ende das Nachwort,
das ein anderer spricht.
Er fügt in den Nachspann
den Kummer des Vaters,
den frühen Tod der Mutter,
die heimlichen Grausamkeiten
auf dem Schulhof,
erste Ängste und Schuldgefühle.
Frauen, die ihre erkannten
und unerkannten Rollen spielen,
die datierbaren und undatierbaren
Wandlungen.
Er räumt die Beschönigungen
zur Seite,
rückt das Verdrängte an ihre Stelle,
vermutet und beschwört
Nachwirkungen überall.

Am Ende das Nachwort,
das ein anderer spricht,
verzweifelt mit dem verzweifelten Dichter,
geblendet mit dem Geblendeten,
verliebt mit dem Verliebten,
trauernd mit dem Trauernden,
ruhelos mit dem Ruhelosen -
und setzt einen Stern
noch leise
über den Stern.

Andreas Diehl

Ich weiß keinen anderen - Abschied

Für A.

Manchmal werde ich
stehenbleiben an Uhren
du hast es lange sagen wollen
aber
ich erinnere mich an
keine Sprache mehr
die deiner ähnlich war
brach lag das Geheimnis
die Leere
Worte hindurch
verborgen wieder
aufgebrochen in uns
ich kann mich verwandeln
aus dem Abend
nicht fort
mein Fragen
wie weiß
geblieben und
wie wir schwiegen
voreinander
allein
andernorts.

Андреас Диль

Я не знаю другого ... прощания

А.

Порою я стоять
останусь на часах
давно сказать хотел ты
но
больше уж не вспомню
метафор
твоих подобным
заброшенная тайна
пустошь
сквозит в словах
сокрытых снова
отчалив в нас самих
смогу я измениться
из вечера
не прочь
осталось вопрошанье
как пробел
и как молчали мы
друг другу
одни
в иных местах.

Andreas Diehl

Herbst 1989

Wir richteten uns ein,
fürsorglich gehegt
unser Unmut,
geduldig
in der Geborgenheit
verfügter Illusionen.
Mit den Fortgegangenen
brachen Wortfelder
um.

Andreas Diehl

Einmal frei

Wie waren wir frei.
Und jetzt sollten wir uns wählen.
Ohnmächtiger war meine Stimme nie.

Andreas Diehl

Inzeit

in diesem brachen, stummen Land
finden mich die Ächter meiner Lust
ich komme die Nachhausewege nicht
und vorsorglich nehme ich die Blicke
von den Besiegten aus letzten Kinderlesetagen
sucht mich ihr Liebsten auf diesem Weg
von hier zu hier

Andreas Diehl

In meine Straße fällt

noch immer
der Abend nach dir
begegne mir am Sanduhrstrand
in deinen Wintern blieb ich
überschrieb'ne Jahre
solange Ringe wechseln
ich und du
ich falte Blätter über spröde Haut
die Risse in dem Stundenschatten
der sich schmerzlos auf uns legt

Andreas Diehl

Ich habe mich immer

im Osten gesucht Liebste
bleib
halte die bloßen Steine von mir
wolltest du mich verbergen
im Soldatengrün der nächtlichen Züge
dorthin
lasse ich dich aus meinem Gedächtnis
dem Kind in seltsamen Antworten
so wie ich immer
von den Söhnen komme
möchte ich dich wiederfinden

Andreas Diehl

März. Berlin 2007

Graues einer Welt
Stadt
in meinem Zuhause
deinen Händen
entfalten
mich
wie die Ringe
uns
und das Jahr
den alternden Baum
flüchten
den Wind

Andreas Diehl

Für W.

Hab ich mich Freundin
solchen Tags
noch gestern
versagt
allem
wo Nähe
so endliche
uns trennt
zuletzt
und doch
wieder
ein geliehener Ort
wie steinern
mich bindet

Andreas Diehl

Mai 1945

Der letzte
lange Sieg

Jahre wie
Hunderte
wie
Male dem Weg
nun haltlos
Wogen
schlagen
über dich
unfassbar noch
hausen wir
so
nach dem
Sieg

Andreas Diehl

Die Tage dorthin
fangen
wohin ihr Altern
mit mir
geht

die Jahre fort
gegangen
im Verweilen nah
wo seither
deine Brücke
atemlos
verweht

Andreas Diehl

Züge

Schienen
Straßen
Spuren -
kleines Land.
Niemals vorher zog mich Sehnen
nach geordnetem Zigeunern
an die freien Fenster deiner Züge.
Wie strebt's zum Mai, Glücksmann - Großvater!
Ich sehe deine Welt.
Dein gelber Stern und draußen ist das Lager.
Transport!
Noch eine, die allerletzte Fahrt.
Wie sind wir mutig abgesprungen vom umstachelten
Waggon
in den neuen Sommer
und unsere Kommenden ganz and'rer Art.
Streng hast du mich gekleidet in den Jahreszeiten.
Wirklich gefürchtet hast du allzeit nie den Frost.
Zaghaft war dein hintergründ'ges Lächeln,
als ich damals unsern Mut aus der ersten Zeitung las.
Die Angst vor Lagerhunden verlor sich spät,
da war ich schon erwachsen.
Jeder nahm mit sich ein Stück vom jungen Frieden.
Für mich allein behielt ich
meine Augenblicke an den Schranken.
Lange plant' ich einen Aufsprung.
Es war ein Zug der Zeit.
Vor allen Wegen lag ein Ziel.
Vom fernen Bahnhof kehrt' ich zu dir
mit der Nachricht noch zurück,
die du zuletzt erwartet, Urgroßvater - Glücksmann!
Ich behalt von unsren Zeiten einen Teil
und misch ihn unter künftige
für mich und jene,
die so jung in sie hineingeboren.

Es wächst ein andres, nicht erträumtes,
doch ein Fahren in mir;
Schienen
Straßen
Spuren -
kleines Land.
Niemals vorher zog mich Sehnen
nach geordnetem Zigeunern
an die freien Fenster deiner Züge.

Andreas Diehl

Warten

Warten auf den Sommer.
Wir Kinder bündeln lange Frühlingssonnenstrahlen
durch das Brennglas uns auf die noch helle Haut.
Warten, daß die Beeren reifen.
Nah versiegt der Fluß,
noch aber holen wir Wasser, sie zu gießen.
Warten, daß Gefühle wachsen.
Ich such den siebenmal verfehlten Weg des Weisen.
Der sagt mir: Dabei stör sie nicht.

Andreas Diehl

In meine stille Wunde

soll der Sand nicht wehn
ich lebe weg von dir
im Fenster verliere ich die Kastanie
und über dem Fluß ihren Schatten

Andreas Diehl

Sonnenkinder

Von fester Hand
gelassen
gehen sie
die Wege
die sie anders
nicht wußten
der Zeit
verloren
eilen oder
harren sie.
So lauschen sie
dem Ernst und spielen
nach Regeln
die noch nicht erdacht
und bald schon
von uns fern
sie werden dir
begegnet sein.

Andreas Diehl

Der Andere

Der Breitschultrige, gestern,
mit dem Seemannsgang und dem Tiefenblick,
dieser große Junge,
der aus der Beatleszeit nie rauswuchs
und die Kinder des Nachbarn so mag,
für die er ein Idol ist -
er ist ein Anderer.

Andreas Diehl

Maria, Liebste du

hast Angst ich könnte mich
zurücknehmen doch
will ich es nie
niemals wieder
lieb ich dich mehr
bodenloser
erfahre ich Gleiches von dir
so viel weißt du
über mich und
mein anderes Ich
dem ich manchmal
lausche schon früh
wie du verletzt
wirst du lange dann
alle gemeinsame Zeit kann es werden
dir benutzt vorkommen
nicht davon ob ich mich trenne
von meinen späten Beziehungen
noch einmal löse
ich dir Lautes schreibe
seltener für dich atme
und wir beide voreinander
längst schweigen
über Anne
wie immer mehr
sie uns begleitet
in den Versuch unserer Welt
spelzige Hoffnung
vielleicht Maria
nimmst du
was mich quält
mit dir fort
für immer
wir zwei
mit eben verheilten Händen
verbrennen uns noch einmal
an der Erinnerung

Andreas Diehl

Für S.

den du schon einmal
verlassen hast
du
wirst ihn nicht erfahren und
ich
konnte schreien so nah
wieder
sollst du zu früh
verletzt werden
dafür
musstest du geboren sein in
dem Jahr als ich
die längste Zeit
verwirrt war
noch
könntest du zuerst
die Fäden verbrennen wenn
der Reigen dich aufnimmt
jetzt doch und
du
hörst nicht mehr auf
mich und soll
ich
nach einer Sprache
seit dir
nicht nochmals
warten

Frank Wegner-Büttner

Im Känguruland

Glutrot der Stein.
In der Mittagshitze
vom Blinzeln müde.
Im Outback kein Schlaf.
Kein Aborigine weit und breit.

Nach Tagen plötzlich
schauen sie mir ins Gesicht,
einige Beutel voll Goldhälse.

Unsere Nachtschwärmer
kommen in der Dämmerung.
Hungrig nach Gras,
lichtscheu und ängstlich
bewachen sie ihre Weiden,
Feinde der Farmer.

Frank Wegner-Büttner

Verunsicherung

Das Woher jagt nach dem Wohin.
Manchmal klingts unsauber in den Ohren.
Das Getöse raunt unweit.

Legen wir das Ohr an die Muschel:
Kein Meer ist darin,
nur der Wind saust.

Allzeit bleibt etwas,
was uns Sorgen macht,
das ist wirklich.

Wesenheiten verlieren und ein tägliches Meerpflügen
verdient die Ansammlung von Resten,
daraus wir uns einen neuen Kuchen für den Alltag backen,
der unser täglich Brot sein wird.

Frank Wegner-Büttner

Dampfschiffe

Noch liegen die Dampfschiffe im Museumshafen an der Peenemünder Bucht vor Anker. Heizer aller Länder bringen auf Lastkähnen ihre Fracht über Ost- und Nordsee vorbei am Kap der Guten Hoffnung, vorbei an den Werften, vorbei an den Reedereien. An den Küsten der Weltmeere schwimmen sie durch die Ölteppiche vor Burma und Australien. Hinter sich den Golf von Mexiko, begegnen ihnen die Haifischfangflotten kurz vor einer Bucht bei Gibraltar.
In Peenemünde die ganze Dampfschiffflotte immer wieder startbereit. Ihre eisernen Öfen und kupfernen Kessel warten auf die Fracht: Kohle aus dem Ruhrpott, Kohle von den Abraumhalden bei Katowice. In Südafrika wurden bereits Diamanten zu Kohlenstaub verdampft, den Nachschub zu sichern.
Auch auf dem Grund, in den schwarzen Tiefen der Ozeane, warten die alten, rostigen Dampfschiffe vergangener Tage auf Bergung im Wissen: Wir Maschinen schlafen nicht mehr lange, jederzeit sind wir bereit für den Flotteneinsatz zum Segelschiffmassaker.

Frank Wegner-Büttner

Radioaktive Wölfe

Das Rudel springt
rückwärtsgewandt
von den Klippen
und taucht wieder auf
an der anderen Seite des Ufers.

Der Leitwolf wartet schon.

Neben den Fischlaichgründen
schlagen sie ihre Zähne
in einen kapitalen Wal.

Verzweifelte Blicke
vorbeiziehender Wettkampfschwimmer.

Ein Castortransportbehälter schwebt
über der rauen See am Cantagobay.

Das Dröhnen der Motoren
vertreibt die hungrigen Gesellen.

„Radioaktive Wölfe": Videotexteintrag bei 3-SAT im Oktober 2013

Frank Wegner-Büttner

Augentreu

für E. S.

Dein Bernsteinamulett -
ein Brennglas auf deiner Haut.
Langsam hebe ich meinen Kopf
und schau dir ins Gesicht.

Dort sehe ich
Augen ohne Arglist,
Lippen ohne Lüge.

Fast schamvoll
schließt du deine Lider.
Dein kurzer Seufzer
erfreut mein Herz.

Frank Wegner-Büttner

Schwarzer Schwan

Du stolzer Schwan
mit dem geschwungenen Hals,
schönes Tier,
dein Schnabel zeigt in die Tiefe.

Was siehst du auf dem Grund? -
Das Dunkle
vielleicht,
das in dir sich spiegelt?

Frank Wegner-Büttner

Bötzsee bei Strausberg am 3. Oktober 2010

Ulrich Grasnick in Dankbarkeit gewidmet

Im Windschatten des Dichters
lese ich seine Verse.
Meiner Stimme lauschend
schaut er mir über die Schulter,
verfolgt jedes Wort.
Hin und wieder geht sein Blick
zum anderen Ufer.
Ich lege das Buch beiseite.
Vor uns entdecken wir
eine umgestürzte Birke.
Ihre Krone scheint aus dem See zu trinken.

Michael Manzek

Schlafender Schwan

Es gibt nur eine Art, Wasser zu berühren,
so dass es einen sicher trägt.

Es gibt nur eine Art, Schlaf zu finden,
und sich zu versöhnen mit seinen Träumen.

Es gibt nur eine Art von Zärtlichkeit,
die ins Weiß mündet.

Es gibt nur eine Art, den Fluss zu bewohnen,
ohne je seine Ufer zu berühren.

Michael Manzek

Das Meer

Du träumst dich den Fluss entlang.
Weder das Moos noch die Wolken
können deiner Lust genügen.

Du willst diese Ebene fluten,
dich im Sonnenlicht entblößen
und solange tanzend dich
dem Sog der Strömung hingeben,
bis du die Aufrichtigkeit
deines Gegenübers zu spüren beginnst.

Jetzt im Inneren des Baumes angelangt,
kannst du die Mündung erklimmen
und deine Augen öffnen.

Michael Manzek

Der Akkordeonspieler atmet ein,
seine Hände tanzen senkrecht,
er sitzt am geöffneten Fenster
mit geschlossenen Augen.

Seit er sich seinem Körper
und seiner Seele anvertraute,
ist seine Musik
Offenbarung, Wagnis, Beben.

Und spielt er sich in Trance,
nimmt er erst die eine
und dann die andere Hand
vom Instrument und atmet aus.

Michael Manzek

Alles ist aus uns gemacht: jede Pore Welt,
jede Farbe Himmel, jeder Strahl Sonne,
jeder Tropfen Regen, jede Welle Leben.
Und als wir schließlich die Blätter
der Bäume berührten, geschah es:
Der Wind, der uns treffen sollte, traf uns
und wir liebten uns
kopfüber und unvergesslich zeitlos.

Michael Manzek

Und die Bäume tanzen im Schnee,
deren Äste uns weit ins Land begleiten,
und die Hunde tanzen auf dem See,
stimmen ein Gedicht an aus alten Zeiten

und wir tanzen ihnen nach,
die Erde berührend wie Abendlicht,
gleiten wir wach und ohne Bedacht
durch diese Nacht der Zärtlichkeiten.

Michael Manzek

Zugfahrt

Der Zug fährt an.
Sie schaut zum Fenster hinaus.

Der Zug beschleunigt.
Sie schließt die Augen.

Der Zug hält.
Die Landschaft umfließt ihr Gesicht.

Michael Manzek

Nord

Kämmt der Wind,
schwankt der Wald,
trifft das Meer auf seine Braut.

Michael Manzek

**Nimm die leichte Biegung
der Nacht zum Anlass,**
der Zeit zu entfliehen,
Wangen zu berühren
oder mit Schatten zu handeln.

Nimm den leichten Widerstand
des Tages zum Anlass,
deine Uhr wieder zu finden
und sie in die Sonne zu werfen.

Michael Manzek

Sie sucht sich im Nebel,
geführt vom Winterlicht.
Sie reist ungern, doch sie ist unterwegs.
Eigentlich würde sie jetzt lieber ein Buch lesen,
aber das Weiß hat sie geweckt,
hat sie aus dem Haus gelockt.
Jetzt fühlt sie das Entblättern und Umarmen
der immer anderen Bäume,
bevor sie sich sehend macht.

Michael Manzek

Dein nur vom Wind gehaltenes Kleid.
Deine Sommersprossenausgelassenheit.

Deine Vorstellung vom Schwimmen.
Deine Verbindungen zum See.

Deine Art, Taucher umzustimmen.
Deine Fledermausflügelidee.

Dein Küsse verschlingender Jargon.
Dein nur vom Wind gehaltener Kokon.

Michael Manzek

Warum nicht den Baumstamm umfassen
und im nächsten Wind loslassen?

Warum nicht der Libelle nachrennen
und sich zu den eigenen Flügeln bekennen?

Warum nicht die Lichtung berühren
und den nächsten Schatten verführen?

Warum nicht ein Schloss errichten
und auf den Thron verzichten?

Michael Manzek

**Einst verliebte sich ein Bildhauer
in einen Stein,**
erst grub er ihn in die Erde ein,
dann grub er ihn wieder aus,
erst schleppte er ihn in sein Haus,
dann öffnete er all seine Fenster
und verwandelte seinen Findling
in einen Schmetterling.

Michael Manzek

Der fallende Baum

Der fallende Baum
ohne Flügel,
ohne Ankunft,
von Möwen umkreist,
sage es nicht der Muschel,
frage nicht den Sand,
schreie es nicht in den Wind,
trage es nicht zum Meer.

Der fallende Baum,
wecke ihn nicht
auf seinem Flug,
wird jemand flüstern,
wurzeln in deinem Gesicht.

Der fallende Baum
wie eine Meditation,
wie ein Regenbogen,
wie ein Sonnengruß,
sieh, er kehrt zurück
nur einen Schatten weiter.

Michael Manzek

Sven

Hier kommt Sven, die Nacht als Rucksack
auf dem Rücken. Er trifft sich mit seiner Freundin,
der Bahnhofstreppe. Er redet laut mit jedem
und schaut niemanden an. Er jagt
die einfahrenden Züge und es schüttelt ihn
jedes Mal, wenn das Türsignal ertönt. Er singt
den Fahrplan, er streckt sich nach dem Mond
und bückt sich nach den auf den Boden
geworfenen längst abgefahrenen S-Bahn-Billets.
Er ist auf der Suche nach seiner Wippe,
nach seinem Zirkus, nach seinen Satelliten,
seinem schmiedeeisernen Tor und den Spielplätzen
der Vorstadt. Hier auf diesem Bahnsteig
begegnest du Sven. Er kann es kaum erwarten,
dich zu begrüßen. Er genießt es, dich zu verabschieden,
bevor er plötzlich in die Dunkelheit rennt.

Michael Manzek

Christel Poem

für meine Mutter (1943-2012)

Hinter den sieben Halden wohnt sie
in einer kleinen Stadt des eisigen Lebens.
Da kuscht sie wie die Mutter,
wenn Vater brüllt und herrscht.
Da halten sie nach der Tanzstunde Hand an:
all die Freier vom Lande und Provinzprinzen.
Doch längst wünscht sie sich fort
aus all der Enge, Öde, dem Mief
und Misstrauen der Kleinstadt und Familie.
Und auf einmal will sie es wissen,
schmückt sie sich mit Petticoat, High Heels
und Haardutt für ihren Fotokasten,
um das eine Foto zu schießen,
das er bald in den Händen haben sollte
und in das er sich verlieben musste,
der so ersehnte Retter,
Großstadttritter und Weltbereiser.
Erinnere dich an den Tag,
als er dir zum ersten Mal
aus der Ferne schrieb,
der schöne unbekannte Fremde,
der mit seinen Briefen so galant,
stilvoll und wortreich um dich warb,
wie kein anderer vorher.
Erinnere dich an die Felder
blühender Kirschbäume
an den Ufern des süßen Sees,
als ihr euch das erste Mal traft,
und wie du zu ihm ins Auto stiegst
und er dich mitnahm in sein Schloss Berlin.

Ralf Burnicki

Sonnenpost

In alle Briefkästen
eingeworfen sind heute
die neuen Prospekte
der Zukunft

Mit kurzem Ärmel und
Sommersprossen in der Hand
ziehen Postboten durchs Land

Aufgeknöpft sind alle
Erscheinungen

Himmelschulterweit
zeigen die bunten Kioske
der Gärten ihre Schalter

Mit offenem Hemd geht die Zeit
Es ist gelb und
die Landschaft schlüpft
als Körper hinein

Wir werden Entfernungen
sammeln gehn

Ralf Burnicki

Blau

Jeder Augenblick geweitet
Das Leben atmet
freier durch

Mit Blicken
pflücken Spaziergänger
Farben im Park
Zeigefinger wachsen

an Blumen entlang
die ihre grünen Ventile öffnen
bis zum Anschlag

Auf einer Wiese legt sich
ein neugeborenes Wort
zutraulich wie ein junger Hund
auf den Rücken

Der Sommer wirft
Nachmittage in die Luft
Man kann sie fangen
mit ausgestreckter Hand

Ralf Burnicki

Mitternacht

Die Stadt hat sich
Auf den Bauch gedreht

In den Einkaufsschleusen Geschäftsmulden
Der Innenstadt schützen Nachtwächter
Das mit Schaufensterpuppen
Ausstaffierte Alphabet

Durch die Laufgatter der Dunkelheit
Angefunkt von der flimmernden
Herzschrift geschwollener Baustellen
Führt der Weg an Häusern entlang
Hierhin dorthin

Jemand hat plötzlich
„Halt" gesagt
Und einen Fausthieb lang
Rasselt irgendwo
Das Uhrwerk des Atems

Die letzte Straßenbahn
Lichtfähre zwischen Steinbrüchen des Denkens
Durchfährt auf linker Spur
Die Bahnhöfe der Nerven
Und wartet nicht mehr

Und zieht die Leere hinter sich her
Wie einen schweren Körper

Die Nacht schwemmt Kehllaute an
Deren Geschichte abgebrochen über die
Handkante der Straßen
Unterbelichtet im Zelluloid einiger
Pfützen verhallt

Ralf Burnicki

Wüste

Die Sonne
im Breitwandformat

Durst
Trockenübungen der Sprache
im Sand

Die Gedanken
glühen aus

Die Hierarchie der Wörter
ändert sich

Alle Begriffe folgen
der Spur des Wortes
Wasser

Ralf Burnicki

Freundschaft

Freundschaft das ist,
wenn dir jemand Wasser einlässt
in die Badewanne,
wenns dir
dreckig geht.

Ralf Burnicki

Sonnenaufgang

Verzicht auf sprachliche
Mittel:

Höhe -
trichterförmig

Die Landschaft
steigt durch die Mitte
der Sonnenscheibe

Wir Zaungäste
zurückgekehrt zum Anfang -

staunend
halten wir
Licht in der Hand

Ralf Burnicki

Gedichtmaschine mit rasselndem Motor

Vers ich mich dich dudeldei
Faule Traube hau enzwei
Wechsel Texel schwingt im Trend
Eisenbrei - Gedicht am End

Ralf Burnicki

Hot Coffee in Kuala Lumpur [1]

Nachdem am späten Nachmittag
mehrere Platzregen die Hitze durchstießen
als würde das Wasser einen Kaffeefilter durchlaufen
verwandelte sich Kuala Lumpur
in einen wunderschönen Abend
mit tassenfertiger Dunkelheit
daraus die Dämpfe der Straßenküchen
aufstiegen, während der Wind ganz langsam
den Löffel senkte, um der Stadt
frische Luft einzurühren
und als zuletzt noch der Mond auftrat
und eine Schicht Licht
auflegte wie ein Sahnehäutchen
ging ein Lächeln durch die Straßen
und die Erinnerung daran
hielt sich noch lange
im nächtlichen Blickverkehr

[1] Hauptstadt von Malaysia

Ralf Burnicki

Hitze in Singapur

Draußen warten sie:
die Morgen-, die Mittags- und die Abendhitze
drei glühende Verehrerinnen
des Gedankenentzugs

und schenken dir nichts
ein in die Becher deiner Haut
und lassen deine Sätze
betteln um etwas Wind

Die Werbeflächen berichten
von jenem Durst
der den Banken gehorcht

Kühle ist Gold
doch ist nicht alles kühl was glänzt
in Little India, Chinatown & Arabic-City

glitzernde Stadtteile die
noch einmal alle U-Bahnen ausschicken
in einen heißgelaufenen Tag
um nur keinen Fund zu verpassen

Ralf Burnicki

Nacht (I)

Die ausgeklappte Wirklichkeit
- Architektur der Erscheinungen -
zieht schwarze Kittel an

Abgeblendet sind einige
Gegenständlichkeiten Landkarten
oder Pappkartons Paßkontrollen

In den Wohnungen liegen die
Körper dicht beieinander

Schlaf:
Schweigen das zwischen
Schulterblättern atmet

Die Gedanken rollen sich zusammen
wie Blätter im Herbst

Alle Glocken des Körpers
liegen in Fesseln
die die Nacht zusammenzieht

Nur die Sterne fallen noch lange
an hellen Fallschirmen
vom Himmel

Ralf Burnicki

Nacht (II)

So beginnen Nächte:
Stummfilme am Himmel
schwarz-blaue Metamorphosen

Die Städte verenden

In Hospitälern, den
Kasernen der Krankheiten,
ruhen mit Dunkelheit gewaschene Lebensläufe
im sauberen Schnee
frisch gespannter Laken aus

Während draußen die Luft voll kalter
Fische landabwärts fließt und
an ihren Steinufern Liebespaare
nach Berührungen angeln

Stadtstadt:
In den Straßen putscht die Zeit
kondensiert aus Bettfedern, Kleiderhaken,
Kanülnadeln

Später, wie Konklusionen
im Nachspann einer abgebrannten Zigarette:
Passagen, Galerien, Marktplätze -
verlassene Reviere als hätte die Zeit
alle Fragen vom Teller geleckt

Der Neumond wickelt letzte Pfiffe
in Silberpapier

Und irgendwer
drückt den geheimen Knopf
und schaltet die Stadt aus

Ralf Burnicki

Sommerliche Landschaft

Das Innere der Augenblicke
ist pflanzlich

In den Rücken geflüstert:
Licht

Landauf landab
steigen Farben
an unsichtbaren Fäden

wie Luftballons
zum Himmel auf

Die Sonne beantwortet
alle Fragen

Mit Schmetterlingsnetzen
fangen Kinder
Wörter ein

Auf der Suche
nach einem Namen
für die Luft im Mund

Reiner Müller

Bei Nacht

sitz ich zusammen mit Freunden
spielt leis die Musik
vielleicht ein Jazz
wenn wir streiten
bei Bier und Wein
in der dunklen Kellerwohnung

rauscht die Gasheizung
in kühlen Nächten
öffnen wir die Fenster
lässt der Luftzug
die Scherben flackern
die wachsbetropften

nach Mitternacht
drehen wir die Musik
und entzünden
die Scherben neu
bis zum Morgen

Reiner Müller

Wie ein Raubtier im Käfig

War es Rilke oder Hesse,
der das Raubtier beschrieb,
das mit blutleerer Fresse
sich im Kreise herumtrieb?

Nun geht es auch mir
wie diesem Raubtier.
Ich seh nur noch mäßig
in meinem kleinen Käfig.

Draußen weht kein Sturm.
Ich träum von einem Regenwurm.
So gehe auch ich in die Knie
in meiner Legebatterie.

Reiner Müller

Wo ist der Kampf

Wo ist der Kampf?
Ich suche ihn,
die Ruhe macht mich schwach.
Stille Gewässer
rings um mich.
Ich will sie aufwühlen.
Blasen steigen nach oben
und platzen -
Keiner geht in die Tiefe.
Nein - sie haben Angst davor,
im Spiegel könnten sie zerbrechen,
unten auf dem Grund.

Reiner Müller

Ein Gedicht

Ein Gedicht
zerquetscht
von zwei anderen
auf einer Seite

Hat nicht genug
Luft
zum Atmen

Der Dichter
erschießt sich
der Verleger
lacht still vor sich hin

Die Worte

l
 ö
  s
   e
    n

      s
       i
        c
         h

           v
            o
             m

                P
                 a
                   p
                     i
                       e
                         r

Und sagen
ade Druckerschwärze

Das Papier
nun langweilig
weiß

Weiß nicht mehr weiter
und legt ...

Reiner Müller

Junimorgen

Dämmerung um viertel vier
kühl atmet der Morgen
im Osten Sonnenaufgang

Um fünf
beginnen die Erdbeerpflücker
mit der Arbeit

Reiner Müller

Aachen

Aufblende
Aachen
Achtzehnter April
Ali Abdel Ayyat: Ausländer aus Afrika
Angekommen - Aufatmen

Alexandria, Ägypten:
Autobombe
Arm ab
Armer Ali Abdel Ayyat

Aachen angekommen
Aufatmen
Aufnahmelager: Achtbettzimmer

Ausländerbehörde: Anstehen
Anhörung
Asyl?
Asyl-Antrag!
Angestellter: Asylantrag abgelehnt.
Artikel acht Asylbewerbergesetz.
Angst
Anwalt: Aktenvorgang, Abschrift Asylantrag
Antrag abgelehnt!

Angst
Auto: Abschiebehaft
Abend

Abends
Ali aufgehängt

Abblende

Reiner Müller

Robinson

I

Am Strand,
zwischen Müll und Plastiktüten,
aus Fässern ein Floß bauen.

Wohin
fliehen im Koffer,
geflochten aus Wahrheit?

II

Frauen
versteht man
nur mit den Händen.

III

Der Dichter schreibt
das Papier
mit seinen Versen voll.

Bis er
in seinem Sessel
einschläft.

Reiner Müller

Warten auf Godot

Schaue am Fenster
nach jedem Klappen
von Autotüren.
Vielleicht kommst Du
ja noch.

Du wolltest anrufen,
schon vor Tagen.

Reiner Müller

Unterwegs

In einem Fass treibe ich
der Ungewissheit entgegen.

Hungrig verzehre ich
mein eigenes Fleisch.

Nach einer endlosen Fahrt
lande ich an einer Insel.

Ehrfürchtig fallen die Kannibalen
vor mir in den Sand.

Reiner Müller

Hysterische Hure hüpft Hotelzimmerfenster hinaus!

Hamburg. Hanfkonsument Hagen hatte Halluzinationen. Hunderte Hechte, Hampelmänner, Hydranten hingen heiter Hausdecke herunter. Haschhändler Holger hingegen hatte haufenweise Heu. Holger hörte Hubschrauber hinterm Hotelhochhaus. Hauptwachtmeister Hoffmann hämmerte hinter Holgers Hotelzimmertür. Hure Heidemarie H. hüpfte hysterisch Hotelzimmerfenster hinaus. Habenichts Hagen hatte Holgers Hotelanschrift Hauptwachtmeister Hoffmann hingegeben. Haschhändler Holger hat Höchststrafe: Haftanstalt Höllenfurt. Heilanstalt half Hanfkonsument Hagen. Heidemarie H. heiratete hinterher Hagen.

Reiner Müller

Trocken ist der Geschmack

Und fade
liegt eine halboffene Büchse Ananas auf dem Weg
Meine Hände zittern
habe Schuppen im fettigen Haar
schlafe nachts im Stehen
überkommen die Gefühle
nicke kurz ein
Ein paar Sekunden später
schrecke ich wieder hoch

Reiner Müller

gut dafür

musste bleiben können
ist gut dafür
kannste dir schmecken können
was es sein könnte dafür
ja kannste machen können
ist egal mir geworden
ist besser für mich dafür
kann ich so nicht mehr schaffen können

habs vergessen

Reiner Müller

Pause

im Garten zartes Grün
Kiesel unter der Treppe
das Akkordeon am Geländer

laufen Ameisen
über die Steine
auf dem Gras
in den Ritzen

übertönt die Vögel
vom Lärm der Straße
verstummte Sängerin

Hanna Fleiss

Geheimnisse

Mond,
Ich will das Geheimnis
Vergänglicher Sonnen ergründen,
Anzünden das Licht des Johanniskäfers
Um Mitternacht.

Jahrhundertströme
Hinab, zögernd, in die Tiefe
Tiefsten Erinnerns. Einfangen
Die Silben, Sätze des Ungedachten,
Des Verschwiegnen.

Aber die Erde.
Ein Lied aus Nebel und Rauch
Singt sie mir. Tau auf den
Gräsern, Tau auf den Herdfeuern.
Und Wega, die Alte, schluchzt.

Hanna Fleiss

Eisland

Aufleuchtet
Das Kupfer des Abendaugs. So viele
Vögel sind schon gezogen, über Abgründe,
Über Tiefen der Ozeane.

Sturmvogel sein, über
Schneekappen der Pole ziehn wie er.
Flügel breiten wie er, einmal,
In eisiger Unendlichkeit.

Du hebst mich hinauf
Ins Licht des Albatrosflugs. Trage,
Wiege, umfang mich,
Bis ich von neuem geboren bin.

Hanna Fleiss

Masereel

Wach
Findet ihn die Erde.
Das schöne Abbild des Menschen.
Dass er stand, mit gereckten Armen -
Da war eine Wolke, rot.

Gegen
Den Wind laufen, Rufer sein.
In die Sterne langen, das Feuer der Sonne
Vom Himmel holen:
So sei der Weg des Menschen.

Hanna Fleiss

Brot, weißes, warmes Brot

Brot. Auf den Tisch gelegt
der Laib. Der Kruste Wohlgeruch.
Brot, weißes Brot.

Wie es war.
Erntezeit. Das Dorf in der Mark.
Spuren des Traktors. Damals ging ich
Den Feldweg, roch den betäubenden Duft
Des Korns. Wir banden die Garben,
Flochten Kränze, wirkten Herzen hinein.
Abends brannten die Feuer nahe
Der Linde. Wir sangen
Die Lieder der Bauern, brachen
Ihr Brot mit schwieligen Händen.

Am Stammtisch die Alten derweil
Raunten von Regen und Hagelstürmen,
Rinderpest und Gutsherrenzeiten.
Einer spielte Harmonika, wir tanzten
Den Reigen bis in die Mitternacht,
Bis uns die Hunde verbellten.

Brot, weißes, warmes Brot.
Der Kruste Wohlgeruch. Brot.
Auf den Tisch gelegt der Laib.

Hanna Fleiss

Wüstgefallen

Steine. Behauene Steine
Getürmt zu Mauern. Verstreut übers Feld
Findlinge. Falb, geschichtenreich.

Grundrisse, rührendes Menschenmaß.
Der gemauerte Brunnen. Wasser, Leben.
Archäologenglück.

Der Anger. Diese Stille.
Sand und Gras.

Und hier: der Markt. Stimmen, Ausrufer
Überschlagend, der Scheffel, die Elle
Leinengewirk, Rosenkränze, Pferde, Schweine
Gemecker von Ziegen. - Da! Trompetenruf!
Der Feind, der Feind vor den Toren! - Ach

Die Sinne. Das gaukelt und schaukelt. Niemand
Trägt einen Korb unterm Arm, niemand
Fegt diese Steine noch, nirgend ein Schall
Der Trompete. Die da gingen
Singen das Kyrieleison im Himmel.

Sonnenwarm die Mauer am Nachmittag.
Wenig ists, was geblieben.
Die Steine. Gebeine, verschollen.
Verschollene Wege, verschollener Klang
Der Armesünderglocke. Bald auch
Verschollen mein eigener Schritt. Vom Wald
Herüber ein Elsterruf.

Hanna Fleiss

Der Pappelpark

Da war der kleine Park am Straßenende,
beinahe konnte man ihn übersehen,
die Trümmerwüste rings in dem Gelände
ließ alle Leute schnell vorübergehen.

Du weißt es noch, dass früher, einst als Kind,
du leise sprachest mit den Pappelbäumen.
Fuhr durch die Zweige dann ein kleiner Wind -
du glaubtest fest, die Pappeln könnten träumen.

Der Park hat Platz gemacht dem Häuserblock.
Du würdest jetzt am liebsten sehr weit fliehen
und stolperst über einen Rosenstock,
siehst dich nicht um, im Herz spürst du ein Ziehen.

Von deinen Bäumen weiß heut niemand mehr,
doch fühlst du in den Fingern noch die Rinde.
Der Abschied von den Bäumen fällt dir schwer -
du glaubst noch jetzt: Sie sprachen mit dem Kinde.

Hanna Fleiss

Besuch bei Heine

Dort oben auf dem Sockel sitzt der Heine.
Erst siehst du seine langen Dichterbeine,
riskierst du aber einen Blick noch höher,
kommt dir der ganze Kerl entschieden näher.

Den hat man hier so halb und halb versteckt,
du hast ihn im Vorbeigehn nur entdeckt.
Die Uni thront in seinem Bronzerücken,
gewiss heut nicht zu jedermanns Entzücken.

Passt der noch rein in diese deutsche Welt?
Den hat man beinah heimlich hingestellt,
so abseits von dem allgemeinen Trubel.
Na ja, er wollte sicher keinen Jubel.

Dir fallen ein paar Verse vor die Füße,
du schickst nach oben deine besten Grüße.
Und du besinnst dich, wirfst noch einen Blick
zu Heine hin, und langsam gehts zurück.

Hanna Fleiss

Der Lesende

Ein Buch - das sind nur Seiten von Papier.
Doch lies darin, es öffnet sich dir Welt
und manches ungeprüfte Urteil fällt.
Du ahnst, das Buch hat Köpfe im Visier.

Du liest den Anfang und da sind es Verse.
Wie du erschrickst: Das ist kein Buch für dich.
Du blätterst weiter, prüfst dein Über-Ich,
gerätst mit deinem Buch in Kontroverse.

Doch nach und nach geschieht ein Etwas dir -
gebannt studierst du jedes Wort der Zeile.
Und dann, nach einer langen, langen Weile,

ergreift dich unverhofft die Lesegier.
Du suchst, worin der Worte Sinn mag liegen.
Scheu blickst du auf, und die Gedanken fliegen.

Hanna Fleiss

Ausgeglichenheit

Geordnete Vorgärten
Und Hubschrauber überm Kopf:
Ich fühle das Atmen
Der Stadt in den Fingerkuppen.

Englischrot ist jetzt der Morgenhimmel.
Ich lausche hinauf und hinauf.
Alles am Platze: die Wolken,
Die Straße, der Mann mit dem Hund.

Windige Alleen treiben die Autos
Wie Grasbüschel durchs Viertel.
Die Ampel schaltet wie verrückt.
Dass du mich ansiehst.

Hanna Fleiss

Löwenzahn

Leeren
Löwenzahn lässt du mir, Fallschirme
Verschlissner, verrunzelter Blüte
Treiben im Wind.

Bleich, in der
Einsamkeit der Fliegenblume, weht es
Auch mich davon, ins ungewisse
Irgendwo - Nirgendwo.

Hanna Fleiss

Eislüfte

im winter kommt mein geliebter
mit schuppenfellen behangen
und er weiß nicht, wie oft ich
der schwarzen Wasser fluche

er lacht und streichelt
gilbende gräser und astdünne finger
rupfen vom beerenstrauch
das letzte blatt

im winter jage ich eisfische
unter den treibenden schollen
schlafende frösche und
spinnige garnelen

gehörig den wassern ist mein geliebter
ein schellfisch in meinem fangnetz
gefrorenes denkmal im königreich
des sardonischen lächlers

Hanna Fleiss

Lauf der Dinge

Sieh zurück.
In deine Euleneinsamkeit hinein
Schattenumwehtes Gekrächz
Müder Nachtvögel.

Längst verklungen
Der Sang trauernder Nachtigallen.
Einstmals, hinter Büschen verborgen,
Lauschtest du dem Pirol.

Vorbei.
Du blickst in schwarze Spiegel.
Du ahnst, du erkennst. Du findest dort
Nie mehr dich selbst.

Hanna Fleiss

Sommerstadt

Heupferdchenzeit,
Blaue Zeit. Als die Linden,
Die schönen Linden, sich bogen
Am Rande der Straße
Unter der Last der Düfte. Als
Der weiße Mond Honig trank.

Die Stadt lebte
Ihren Tag, mit grauer Stirn, ein Ach
In den Hallen der Bahnhöfe. Und kein Himmel
Sank auf die Nächte. Nur in den Kellern
Die Zikaden schrien
Lieder der Liebe.

José Pablo Quevedo

El escenario del mundo

Bizarros guerreros,
antiguos y modernos,
métricas espadas,
el uranio de las balas.

Aquiles y Hera,
Perseo y Minerva,
Apolo y Ulises
se desalman en la guerra
por el vellocino de oro.
(Y en esta escena
Amor queda tuerto.)

En la segunda batalla
-desde Villa Romana-
hay diez legiones de guerreros
que marchan a Germania
a Galia y a Egipto.
(Y Julio César, Bruto,
Marco Antonio y Cleopatra
quedan muertos.)

Del molino a la máquina,
de la rueda al láser,
y de los cañones a los rambos,
hay los Reagan, los Bush y los Nixon.

¿Pero la copia del ayer,
lo hace también Obama en Casa Blanca
- el capital no es negro ni blanco -
y todo por el vellocino del petróleo?

Poemas seleccionados del libro „Torsos de las guerras"

José Pablo Quevedo

Das Szenarium der Welt

Bizarre Krieger,
alte und neue,
metrische Schwerter,
das Uran der Kugeln.

Achill und Hera,
Perseus und Minerva,
Apoll und Odysseus
verlieren ihre Seele im Krieg
um das Goldene Vlies.
(In dieser Szene
ist Amor einäugig.)

In der zweiten Schlacht
von der Villa Romana her
sind es zehn Legionen von Kriegern,
die Richtung Germanien marschieren,
nach Gallien und Ägypten.
(Julius Caesar, Brutus,
Marc Antonio und Cleopatra
sterben.)

Von der Mühle zur Maschine,
vom Rad zum Laser
und von den Kanonen zu den Rambos,
zu den Reagans, Buschs und Nixons.

Aber die Kopie des Gestern,
macht sie nicht auch jetzt im Weißen Haus Obama?
Denn das Kapital ist nicht weiß noch schwarz
und alles wegen des Vlieses aus Öl.

Ausgewählte Gedichte aus „Torsi des Krieges"

José Pablo Quevedo

**Torsos del significado
y el significante**

Abstracta interpretación sobre el planeta,
dos caminos divergentes,
los significados y los significantes.

Al soldado no le crecen alas,
pero tiene la máquina que le permite sobrevolar,
y desde la geopolítica de guerra construir nuevas palabras:
„Daños colaterales, efectos secundarios", „países canallas",
„lucecitas sobre Bagdad", „en misión de paz".

Cortés trajo consigo palabras ambivalentes
y las regó después por nuestro Continente.
Pizarro, prometió la libertad a Atahualpa,
si este le daba un cuarto de oro y dos llenos de plata.
Desde entonces los medios chances politiqueros,
el dios que promete el cielo, que no impera.

Por lo menos, Ícaro voló cerca del sol
pero allí dejó sus alas,
las quemó para no bombardear los pueblos
con el Napalm, con dioxina, con radiaciones atómicas.

No hay deconstrucción que valga del significante
cuando la lengua dominante es la que muta y cambia,
y hace del significado las cosas de su pertenencia.

Sin la deconstrucción de la misma lengua imperial
no hay una batalla ganada.
Con la deconstrucción de la lengua del vencedor,
implementaremos miles de nuevas palabras
en la lengua de la paz.

José Pablo Quevedo

**Torsi der Bedeutung und des Zeichens
Signifikat und Signifikant**

Abstrakte Interpretation des Planeten,
zwei auseinander gehende Wege,
die Bedeutung und ihr Zeichen.

Dem Soldaten wachsen keine Flügel,
aber er hat die Maschine, die ihn fliegen lässt.
In den neuen Kriegen entstehen neue Wörter:
Kolateralschaden, Nebenwirkungen, Schurkenstaaten,
Lichter über Bagdad, Friedensmission.

Cortés brachte den Völkern Amerikas ambivalente Wörter mit
und ließ sie auf unseren Kontinent niederprasseln.
Pizarro versprach Atahualpa die Freiheit,
dieser sollte einen Raum mit Gold und zwei mit Silber füllen.
Es gibt sie, die Lügen und Halbwahrheiten der Herrschenden,
einen Gott, der den Himmel verspricht und nicht gibt.

Ikarus flog der Sonne entgegen,
doch er stürzte ab.
Die Piloten, die Napalm, Dioxin und Atombomben warfen,
verbrannten ihre Flügel nicht.

Es gibt keine Zerstörung der eigenen Sprache,
doch die übergestülpte verändert die Bedeutung
und macht aus ihr ihr eigenes Zeichen.

Ohne die Überwindung der imperialen Sprache
ist kein Kampf gewonnen.
Durch sie wird die Sprache des Siegers aufgedeckt
und wir werden neue Wörter finden:
in der Sprache des Friedens.

José Pablo Quevedo

Obra plástica en hierro

(Gracias a Julian Assage y a Wikileaks)

Con el hierro en la mano
Caín mata a su hermano.

Con el carro de guerra
y con ojo de cíclope
se puede calcinar la rosa,
se puede convertirla la belleza en chatarra,
y el hierro puede más
en desalmar una obra de miles de años,
y miles de aldeas y cientos de naves.

Matar a los hombres como a pajaritos
sea con el garrote o la bala,
o en salto de metralla,
es el tiro de muerte
que regresa al hombre
a la edad de las cavernas.

José Pablo Quevedo

Plastik in Eisen

(Dank an Julian Assage und an Wikileaks)

Mit dem Eisen in der Hand
tötet Kain seinen Bruder.

Mit dem Kriegswagen
und dem Auge des Zyklopen
kann man die Rose versteinern,
kann man die Schönheit in Schrott verwandeln,
und das Eisen kann noch mehr:
ein Werk von Tausenden von Jahren entseelen
und Tausende von Dörfern und Hunderte von Schiffen.

Die Menschen wie Vögel töten -
ob mit dem Knüppel oder der Kugel
oder Maschinengewehrsalven,
es ist der Todesschuss,
der den Menschen zurückwirft
in das Zeitalter der Höhlen.

José Pablo Quevedo

Contra una posible amenaza termonuclear

Perspectiva del plomo,
del árbol muerto
en la sed de los astros.
El viento seco sin huella.
El dolor, sin dolor, en su sombra.

¡Hiroshima!
El huevo encubado
en el agua de las máquinas
como un sol negro
ardió tu corazón.

Fue una nube radiactiva,
parida en un U.S.A.-laboratorio.

Lo recuerdo,
fue en 1945.

José Pablo Quevedo

Gegen eine mögliche nukleare Bedrohung

Perspektive aus Blei,
des toten Baumes
im Durst der Sterne.
Der trockene Wind
ohne Spur.
Der Schmerz ohne Schmerz
in seinem Schatten.

Hiroshima!
Das ausgebrütete Ei
im Wasser der Maschinen.
Wie eine schwarze Sonne
brannte dein Herz.

Es war eine radioaktive Wolke
geboren in einem US-Laboratorium.

Ich erinnere daran,
es war 1945.

José Pablo Quevedo

**El último soldado caído
no se cuenta en una guerra**

S.O.S.
Estoy herido en una zanja,
siento frío, de hielo son mis manos,
mis piernas están pulverizadas.
Sólo un mar de cadáveres
ante mí,
para que otro mar los limpie.
Pero lo que más siento
es que no se me contará
entre los 50 millones de muertos
cuando los historiadores
ya no tengan la prueba
de mi muerte.

José Pablo Quevedo

**Der letzte gefallene Soldat
zählt nicht im Krieg**

S.O.S.
Ich liege verletzt im Graben,
ich friere, meine Hände sind aus Eis.
Meine Beine zerbrochen.
Nur ein Meer von Leichen vor mir,
damit ein anderes Meer sie reinigt.
Aber was ich am meisten bedaure,
ist, dass man mich nicht mitzählen wird
unter den Millionen Toten,
wenn die Geschichtsschreiber
keinen Beweis haben
von meinem Tod.

José Pablo Quevedo

Eludiendo al plan de un genocidio nuclear

„A través de las bombas atómicas
serán salvadas las vidas humanas",
dijo el profeta Hans Bethge.
Y Truman saltó sobre el hongo nuclear,
en el salto más alto hacia la luna,
mostró su cara más elocuente que Nerón
cuando mandó abrir las entrañas de su madre,
y despedazó los recientes poemas nacidos
en los miles de niños por nacer,
en Hiroshima, a las 8.16 horas,
un 6 de agosto de 1945.

Mi amada, a pesar de todo,
no pereció en aquel hongo nuclear,
porque eludió a cualquier plan genocida.
Porque se hallaba dentro de una botella
contenida para los planes de otro genio.

José Pablo Quevedo

Umgehung des Plans eines nuklearen Völkermords

„Durch die Atombomben würden Menschenleben gerettet",
sagte der Prophet Hans Bethge.
Und Truman sprang über den Atompilz.
Es war der höchste Sprung zum Mond hin.
Er zeigte ein beredteres Gesicht als Nero,
als dieser die Eingeweide seiner Mutter
öffnen ließ.
Und er zerriss die erst kürzlich geschriebenen Gedichte
der noch ungeborenen Kinder in Hiroshima, um 8.16 Uhr,
am 6. August des Jahres 1945.

Meine Geliebte kam trotz allem
in jenem nuklearen Pilz nicht um,
weil sie jeden nuklearen Plan umgeht.
Weil sie in einer Flasche war,
bewahrt für die Pläne eines anderen Geistes.

José Pablo Quevedo

Cuándo el hombre

Cuándo el hombre
no sea parido
por el huevo de la muerte,
todas las estrellas
nos parecerán las mismas
en los ojos.

Cuándo el hombre
no haya nacido
en un basural
de radiación atómica,
todos los colores
serán los de la luz
para definirnos.

Cuándo el hombre
y los pájaros ya no mueran
sin ojos en los pantanos de petróleo,
todas las rosas del universo
dejarán caer una imaginación infinita.

Maduros en el atardecer y amanecer
de la misma estrella,
seremos los mismos,
y otros, como al principio.

José Pablo Quevedo

Wenn der Mensch

Wenn der Mensch
nicht mehr geboren wird
durch das Ei des Todes,
werden uns alle Sterne
in den Augen gleich scheinen.

Wenn der Mensch
nicht mehr auf einer Atomhalde
geboren wird,
werden alle Farben
die des Lichtes sein,
um uns zu definieren.

Wenn der Mensch und die Vögel
nicht mehr sterben
ohne Augen in den Ölsümpfen,
werden alle Rosen des Universums
eine unendliche Vorstellungskraft
fallen lassen.

Gereift in der Abend- und Morgendämmerung
desselben Sterns,
werden wir dieselben und andere sein,
wie am Anfang und Beginn.

Friedeborg Stisser

Durchbruch

Der Riss im Eis
bersten spaltentief
Schnee tropft vom Dach
Flüsse schwellen
Ackerschollen
leuchten feucht
auf sonnenwarmem Gestein
die Fliege
Stare schmettern
im Geäst der Bäume
schießt das Grün
Weidenkätzchen brechen auf
Blütenstaub in den Wolken

doch ich stehe im
Wintergrau
Blut hämmert
in den Schläfen
meine Hände
ziehen Linien von gestern

lass mich legen
in den letzten Schnee
wenn erste Frühlingsröte
sich erbarmt
mich fortträgt zum
Tanz der Nebelzungen
über dem See

Friedeborg Stisser

Befreit

Krähen befreit
aus dem Joch:
nichts zählt mehr
nur was ist:
jetzt

heranbrausender Jubel
vom Wüstenwind
zu den Gletschermeeren

in Eisblumen gefaltet
alle Zeit
ging auf die Sternensaat
im Moor
als Hoffnungsblitze
uns streiften

glücklich dein Gesicht
im Widerschein

Friedeborg Stisser

Über dich ...

... das Abstreifen
deiner Herkömmlichkeit
wenn der Lebensfunke
dich trifft
ein - Über-dich-hinaus
du bist

Friedeborg Stisser

Du und ich

Immer öfter schon
zwischen Steigen und Fallen
höre ich unser
zart klingendes Schwingen
wenn Schwäne kreisen
welche die Höhen
reiner spiegeln
Alltagsnebel umhüllen noch
was im Grund
schon lichtig geklärt

Du und ich Wechselgesang
in jeder Morgenröte
so wecken wir den Tag
dass er weiterwachse
ins Licht
ins Fruchtfleisch

Mittägliche Glut
übermächtig
Glockengeläut allgegenwärtig
Fassaden bersten
Masken fallen
versteinerte Jahre begehren auf
und in uns verhallt alle Zeit

Gemeinsam singen wir
jetzt
im Lebensdämmer
aller Mitternächte
unser Lied:
du und ich

Friedeborg Stisser

1. Zyklus

Wie mich hören
da formloses Gerede
züngelnd in mir pocht

unsere Vorhöfe verlassen
kreisen wir blutleer
im Geplapper
der Gebetsmühlen

schal dein Versprechen
Liebesschwüre hohl nur
beliebig gebürstet deine Worte

was zu fühlen
ist schweigend geboren
urkreisender Quell
langatmiger Flüsse
in Meeren sich sammelnd
anders diesen zu entsteigen

Wolkenspreu jedoch
werden Himmel trüben
dem Aufprall
entschlüpft
reibend nach Gestalt suchen
unreif im Nichtgewahrwerden
des Beinah-schon und Noch-nicht

im Fließen senkt
Bemühen sich
im Fall zu halten

aus den Marienberger Zyklen

Friedeborg Stisser

Endgültig

Es bricht die Welle
es stirbt der Baum
klafterweit entrückt
Vorläufigkeit

der Menschenhändel
schaudervoll vergebens
in Rost
auf Schutt und Asche
rückläufig zerrinnt
weil nie zu halten war

doch Gestaltung malte
sich
erdig hiesig
besonnen
jetzt!

Friedeborg Stisser

Frieden

Pulsierendes Rauschen
Stille
Eine Balance
Zwischen
Nichts und seiend
Dunkel fußend
In der Pforte des Lichts
Dein Jubel: Es sei!

Friedeborg Stisser

Gewohnt

Im
Gewohnten
zu Hause
werden wir
gewöhnlicher

und hausen
alle Tage
immer mehr
im Altgewordenen

Alltäglichkeit
jetzt
unser Halt

Friedeborg Stisser

3. Zyklus

Der Teichrohrsänger singt's
im trüben Absud dieser Zeit:
was ihr seht
Vorstellungen nur
euren Köpfen entsprungen
lichtjährig verschwommen
seht
wie undeutlich doch
diese gedeutete Welt
Wissen wohnt in Vorhöfen
von Gewusstem
aus sich heraus
erklärt sich
alles

Durch gedachte Bilder
gehen wir
doch im Körper
wohnen wir nicht
in Erdhöhlen einst
der Neandertaler lebte
hausen wir heute in Nischen
unserer vorgestellten Welt
vergänglich versponnen
im Kokon
wirst du den Raum sprengen
um Licht zu sein

Vormenschlichkeit
erloschen schon
einst nahe am Quell
unendlich versunken
sieh
den Rogenbogen
ein Halbkreis nur
wirst du den Regenbogen finden
der durch die Erde wächst
um ein Volles zu bilden
erruf deinen Ort:
ich bin

aus den Marienberger Zyklen

Friedeborg Stisser

Fernsehwirklichkeit

Uns lostreten
allmorgendlich
normativ
global
egal
arbeiten wir
immer irgendwie
kopfvoll
handleer
Doppelzüngigkeit
zwischen uns
das Leben
vertagend

doch
allabendlich
erhebt sich Alltag
aus der Retorte
ferngefasstes
Bildschirmgeflimmer
gefühlvoll
der Bauch
und Stöhnen
in der Brust
erfiebern Augen
Liebesleid

Ekel vor Blut
und Spritzen
entsetzlich
diese Schlägerei!

Friedeborg Stisser

Reife

Grün bekränzt
das Auge nach innen
um Farbe zu bekennen
damit Worte wachsen
die ins Leben sollen

ausgetragen
mitten hinein

befreites Wasser
erhörte Flüsse
besungen der Baum
gewirkter Himmel
erlöste Erde

andächtig
in unserer Hand

es knistert die Reife
im Korn
von mir zu dir
zum nächsten

Friedeborg Stisser

Lass uns!

Lass uns spielen
auf
irdischen Höhen
und in
himmlischen Tiefen
inmitten
der fallenden Nächte
im Aufsteigen
aller Tage

lass uns singen
ein jüngstes Lied
im Aufkeimen
der Saat
wenn Frühlingswinde
erste Falter
tragen
zu Wolken
hoch empor
die rechtwinklig
sich verneigen

lass uns tanzen
auf dem Kamm
der Welle
Leben und Tod
Absturz und Dasein
der Schrei
nach uns
über uns
hinaus

lass uns lieben
jetzt
immer wie
ein erstes Mal
in Tälern der Lust
auf gebirgigen Wonnen
über Stromschnellen
die vorwärts schießen
wenn
du und ich
oszillierend kreisen
im ewigen Gebinde

*Druckgrafik von Dorothee Arndt
„Siddhartha", 17 × 12,5 cm, 2005
Kaltnadelradierung auf Büttenpapier*

Anke Ames

kundalini

gestern, die stunde der
schlange schrie und ich, nackt
in der wahrheit. kahl gestorben
der see. entlang des rinnsals von schweiss
und tränen und
der see. die tage der tiere
sind gezählt: stare stürzen sich aus dem blau,
wir küssten und küssten uns wund und

gestern, der tag des
igel leuchten im grün, im dunst
des wassers.
eigentlich wäre ich tot
wir küssten und küssten uns wund und

gestern, das jahr des drachen
die sekunde zeit im all und
alles will ich dir geben: mich,
in der wahrheit, kahl gestorben, und mich,
nackt wie die schlange und
du und du und du
wie du schweigst in der tiefe und
du und du und du
wie ich dich liebe
wir küssten und küssten uns wund und

gestern, die andere zeit:
gegenwart und hingabe.

Anke Ames

Gebet

Ich verehre das Wilde Wasser, die
pulsierende, kreisende Erde.

Ich verehre die Luft,
die in mich ein- und ausströmt,

das Feuer, das in meinen Adern
pulsiert.

Ich verehre die Große Natur:
Steine, Pflanzen und Tiere,
Himmel und Sterne.

Die tiefste Buddhanatur
des Universums.

Möge die Energie strömen,
fallen, fließen
durch meinen Körper,
in den Tanz,
in die Musik.

Golden
von Mensch zu Mensch.
Spiraltanz
hoch oben,
verwurzelt in der Erde.
Kanäle entspringen,
gerinnen zu Münzen,
die wir geben
von Mensch zu Mensch.

Möge ich die Schönheit erkennen.
Schönheit wird mich begleiten.

Anke Ames

Tanz Bach!

Rot
die Linie
Sprache des Rads
Tanz die
Salamander, Feuer
Steine flüstern
Musik der Jahrhunderte
hüten die Hand,
den Arm
Kreis.
Tanz!

Ein Vogel besuchte uns
pfiff, tirilierte
tak-tak-tak
singt die Nachtigall
chinesisch.
Wir knien vor dir und dir
und dem oder das
Staunen des Morgens
dir zur Ehre:
Gras, Regen, das
Gesicht gegenüber
und im Fluss
dein Mund

Wasser
trieb Äste an - der Stepp
Tak-tak-tak

Unsichtbar war der Vogel
belauschte - heimlich -
den Gruß des Cellos.

Tanz Bach!

Es kam Feuer auf
und du gegen mich
Es verknotete uns,
wir haben uns ineinander
verfangen hingen am Seil
du und ich
stürze ich, stürzt du

wir träumten anders,
wir waren wild, nicht wussten wir
war es die Liebe
oder die Notwendigkeit
stürze ich, stürzt du

Maria,
Mutter Gottes,
Ave -

Hatte er es in die Noten geflochten,
ja, natürlich,
nur darum, nur darum
ging es überhaupt
Ursprung und Ziel.

Aber dieses war
und das ist jetzt:
Ein heiterer Schritt führt
über Leichen,
die tanzen und kreisen,
den Boden küssen,
es ist leicht und Tanz,
getanzt heiter, die
Freude, die Freude
so wunderbar leicht

Tanz Bach,

Königin auf deinem Thron
Tanz elegant
riskant,
unschlagbar!
Ein Ball.
Tänze.
Orgel.

Der Vogel flog davon,
nahm das tak-tak mit sich
für die Welt, in die Welt -

Tanz, tanz
Bach!

Für Benedetta Reuter

Anke Ames

andante cantabile (sonnwendlied)

sonnenkuss, krähen sprechen des
nachts den traum kohlrabenschwarz.
konzert des waldes, fische schwärmen ausgelassen
im wasserrund, catalogue des oiseaux im sommerwind.

die blindschleiche
sticht dem tag die augen
aus. frisst
schattengrau das licht.

sonnenkuss, verspeist
mit messer
und gabel.

Anke Ames

im verborgenen haar der winde flocht
ich dir ein gebet in das grüne
wasser. die uralte
göttin des feuers flüstert flammenreime.
sing das lied des über
lebens.
zähle den herzschlag der
sonne, das atmen des raumes.
zähle die zähne, die dir verbleiben.
perlenschnüre schmücken meinen kuss

des uhus schrei dringt
in das mark der bäume, ein
gebet für das grüne
wasser.

indigo ergoss sich in meinen
schoss. tiefer blau als
blau der blick der lakshmi
ich kaute erde
und schmetterlinge
tanzten im bauch.
wiedersehen, wiederleben, jubeltage.

uhu, gekröpfter, dein
klang klirrt im polierten
spiegelwasser, wasserquelle, quellenglanz.
dein sound durchströmt goldene
energie, ein
gebet für die wasser
grüne.

Anke Ames

irgendwo, nirgendwo

im siebenten himmel
fingern die bäume in deinem
haar, vermehrt sich
die zeit als rasende stille.
bis hier und darüber
hinaus - wächst dein kuss
ins morgen hinein,
weiter und weiter in mich…
im siebenten himmel
wachsen die wünsche,
ruf der wälder,
fingern die
bäume, lieder der
liebe…

Anke Ames

novembermond (yemaja)

deine sprache traf mich wie gift
im nebelabend klingt die trommel,
unversehrte haut. wächst wie pelz im
schlaf. grabe ich mich in eine andere
zukunft vielleicht kommt
aus der wüste die liebe wie vom anderen
stern. spinnt die nacht den faden
der mich hält und trägt
webt mich in ein leben
mit dem kuss dessen
den du für mich erträumtest.

Anke Ames

im tieferen blau eines himmels
und das indigo des gebets
die sprache lügt schamlos
das schweigen erfüllt das rund
und klingt im grün;
im schwingen der saite lebendiges
der krug aus wein und feuer zerbricht
ich suche den namen, der nicht
ist; das anagramm der befreiung.
die freude wie das licht
zuckt strömend hell
ein glänzender schweif krönt
die nacht. der kranich schläft
grund des brunnens und sein schrei
zielt pfeilgleich in das herz
dessen, was ist und nichts

Anke Ames

feld aus gras, aus
gras und stille öffnet
das auge.
ich liebe dich wieder…
des liebens auge.
von woher du kommst?
das feld fing feuer,
entzündete die fragen,
die zeichen deiner
erde,
sie sei meine, und
ihr wurzelwerk sei
des liebens auge…

Anke Ames

Invokation 1

In den kalten Nächten den
frostgezeugten schneeweißen
Nächten Niemands
Ende und Land nicht in Sicht
Kein Ende den Nächten, Niemandsnächte
geriet das
und das Ende der
Geschichte vom lachend Lieben jäh!

Geschlittert, geriet aufs Eis. Splitternd
Brach. Bricht ein.
Niemandsnacht, bricht ein. Splitternd
Brach. Bricht ein.
Kein Land. Kein Ende.
Zunge taub, Tastsinne. Jedoch:
die Eisblume klingt.
Singt ihre Zeichnung…

Anke Ames

Grenzwart
Gegenwert,
Feld der Sterne. Steinfrau,
zauberhaft verwandelt.

Anke Ames

versprich mir die nacht
und die und
die nacht; weiter und weiter
bis zum ende

geht die nacht
in die fremde, flüstern
reime, betören die
sterne
sterne der nacht,
nachtsterne,

beschwören,
beschwören brüche:

der treue, der wahrhaftigkeit
spiegel schützt uns
vor der nacht
und der und der
nacht

schließe die dunkelheit ein
zwischen büchern,
bücher aus samt
ein zelt aus
brokat und stacheldraht

versprich mir die nacht
versprich mir nichts
versprich dich nicht

beschwören,
brüche beschwören,
schließe die dunkelheit ein…

versprich mir die nacht
brot. wasser.
leuchtet der abendstern.

Marcela Ximena Vásques Alarcón

Das Fundament der Liebe

Ich glaube an die Macht des Wortes,
dass, wenn du mir Liebe sagst, es Liebe ist.
Und an die Tatkraft des Verbs.

Ich glaube an die Schläge meines Herzens,
die mir die Liebe und den Hass diktieren,
die Hingabe und den Kampf.

Ich glaube an die Worte.

Marcela Ximena Vásques Alarcón

Der Wahnsinn der Liebe

Ich bin verrückt nach Liebe!

Du ermöglichst mir, meinen verbotenen Traum zu erleben,
meine tiefste Sehnsucht,
die auf deinem Körper Wahrheit wird,
in deiner Stimme,
auf deinen kalten Händen,
in deinem Blick, der bis in meine Seele reicht.

Ich kämpfe gegen meine Gefühle,
die mich aufgeben lassen und mich besiegen.

Marcela Ximena Vásques Alarcón

Der Versuch, den Geliebten zu beschreiben

Du in Worten

Dein Geruch, mein Atem,
dein Mund, meine Ruhe,
deine Hände, das Wasser,
deine Stimme, meine Musik,
dein Name, mein Gebet.
Dein Geschlecht… ist alles,
was ich begehre und was mich tötet.

Süßer Tod,
der mir das Leben schenkt,
befriedigt meine Seele
und macht mich ewig durstig
nach allem, was du bist.

Marcela Ximena Vásques Alarcón

Die Liebe ist der fürchterlichste Schmerz der Welt

Er hat kein Mitgefühl,
er respektiert meine Hingabe nicht.
Er legt keinen Wert auf meine Gefühle.
Er verliert sein Leben,
verschwendet das Wunder und die Magie
meiner Bedingungslosigkeit, seine Liebste zu sein.

Man darf die Gutmütigkeit des Schicksals nicht verspielen,
es ist eine Sünde,
die Liebe geringzuachten.
Liebe, die meine Seele für ihn empfindet.
Darunter leiden der Himmel und die Sterne.

Rela Ferenz

Seerosen

Jetzt schwimmen die Blüten im Licht.
Eine Lerche wiegt sich im Wind,
wo sie vom Himmel spricht.
Da nehm ich Unterricht.

Am Ufer, das Land musst du sehn,
wo Wälder und Wolken im Spiegel stehn.
Mein Schwan kommt heran.
Wie schön er das kann.
Nimmt das Brot.
Ich bin der Bettelmann.

Rela Ferenz

Eine Sommerei

Der Lenz zieht sich um.
Es wird still.
Wenn alles vorbei ist,
so tun, als ob Mai ist.

Rela Ferenz

Vorfrühling

Schneeflockenweißes Magnolienkleid.
Aus dem Fenster gesprungene Eisblumenzeit,
die die Erde berührt und Blüten streut.
Ihr verwirrender Flirt hat mich eingeweiht.

Doch als mich vom Garten der Traum verließ,
war es wirklich so schön, mein Paradies? -
Blass liegt die Sonne auf dem Feld.
Noch sind sie kalt und unvermählt.

Rela Ferenz

Oh, wie wohl ist mir am Abend

Die Sonne nadelt durch den Wald.
Das prickelt und glitzert fein.
Ihr Licht webt die weite Dunkelheit
und spinnt mich darin ein.

Rela Ferenz

Furioso

Auf einmal ist unendlich Mai,
und jeder pfeift sich seins.
Ein Sonnenstrahl ist Komponist
und Dirigent. So scheint's.

Rela Ferenz

Die Mühle am Bach

Spielt die Mühle am Bach
noch ein Stück von dem Lied,
„…bei Tag und bei Nacht…"
Ich summe es mit.
Das Wasser rinnt wie hellrotes Blut
um das rostige Rad, das noch immer nicht ruht.

In meiner Brust geht der Mühlstein noch
und klappert lustig und pocht und schlägt.
Du hältst ihn nicht fest, keinen Augenblick,
weil doch das Liedchen dahinter steckt.

Rela Ferenz

Auftakt

Woher das nur so gut zusammenklingt.
Wie das Gerümpel sich in Laune bringt.
Die alte Schaukel schwingt die Nachbarin.
Mir kommen Melodien in den Sinn.
Ein Bienenwagen singt dir sein Gesumm.
Es stimmt der Wind die kahlen Zweige um.

Rela Ferenz

Raureif

Nachtbetaut -
im Frost vermählte,
raureifschöne Eisgewebe,
wie aus einem Traum gefallen
in der Morgenhelligkeit.

Bunt bemalte Taglichtszenen
gehen um die weißen Zweige,
die sie in die Arme nehmen,
denen noch die Nacht gefällt.

Rela Ferenz

Blütezeit

Zierlich, wie sie vor mir stehen
früh, im Tau geweckte Schlehen,
Kronen aus dem Reich der Schönen,
wie aus feinen Kantilenen.

Eilig kann ich sie nur malen
und Gestalt und Farben sehen.
Nur die wenigsten von ihnen
werden wieder schön vergehen.

Stephan Terrey

Onagawa

Das Bild eines Mannes
auf den Trümmern seines Hauses

und „gefrieren Tränen nicht"
das Obdach, das dich vergräbt
zerbrochen
und fortgeschwemmt.

Halte die Sonne
ferne Fahne
im Sterbebett.
Kann den Weg nicht gehen
im Graben nach Hoffnung
wo nur Ende ist:

Atme still
im Schnee und
antworte vibrierend
dem nächsten Beben.

Stephan Terrey

Prometheusgeschöpfe

Karl van Beethoven

Im missglückten Aquarell
habe ich dich gefunden
die Töne suizidverschwommen
lege ich meine Hand an deine Brust.

Lasse dem Fuchs sein Fell -
ausgestopft verbrennt nur
meine Wut dir auferlegt
mein Versagen wird zu deinem.

Du bist der fremdgeborene Sänger
den ich nie singen hörte
der ausgebrannte Schreiberling
taub genug an mir.

Entziehe dich meinen Schlägen
mit schwarzweißen Tasten im Haar
unhörbar für jeden wie mich
und verraucht im verbleiten Retter.

Lieben heißt für mich besitzen
mit dem Schicksal in Besessenheit verstrickt -
an meiner Tür Hund ist kein Entrinnen
nur ein Verschwimmen und mein Verkommen.

Stephan Terrey

Für Ida

*„Es gibt Särge in Säuglingsgröße wusstest du das …
aber wer will daran schon denken?"*

In dunklen Augen
liegt mein Erkennen
ein Begegnen im Verstandensein
das die Brandung uns nicht bricht.

Mit gleichem Puls Leben zu erfahren
und nicht was da stören könnte
auf unserem Weg ist Hoffnung Sicherheit
wie das Leben das in dir wächst.

Im Hinterland zwischen den Welten
ein Gefühl der Flut unbezwingbar wie wir
und willkommen die Ängste sie zu verdrängen
die Realität schenkt uns gnadenlos ein.

Leben sei unwählbar entscheidet der Tod
und kein Weg führt daran vorbei
zwischen inneren Wunden bleibt nur ein Gefühl:
endlose Schuld.

Stephan Terrey

Keinem Ort zu fern

Ich brauche nicht zu antworten -
keine Fragen zu dem
was mich umgibt
in kühlen Herbsttagen
kein Ort der zu vermessen ist -
verfangen in den Längen
die Breiten verloren
und kein Himmelskörper
an dem ich mich orientieren kann.
Wie zu dir finden
ich kenne das Hier nicht.

Ich brauche
kein Kreuz Sinn zu finden
wie Gras
reiße ich mir die Haare aus
im Schmerz verharren
den Kopf an der Wand reiben
und benommen
Wirklichkeit finden.

Mein Abzählreim bleibt mein Versprechen
die Lösung soll einfach sein.
Ich kann Klarheit noch erhellen
kann mich schlagen
mich spüren
nicht körperlos zu sein.

Oliver Issel

texas noir

> *die sterne rotieren*
> *mit rostigen scharnieren*

I

achtzehnter august
neunzehndreiundsiebzig
was tat allen danziger
vortex henkel
turn into bad words
marliyn burns
tritt in ein
das leere haus
ein mobile
aus trägen fliegen
die geduld der fleischerhaken
schimmert matt

paul a. partain
als er zurückkam
war sie verschwunden
gewunden
der weg hinunter
ins rauschende ohr

am ausgebleichten blechhimmel
träge glutweisse wolken
darunter das gehölz
undurchdringlich
schwarz und still
heisst
der dunkle wald
wogende gewiegte baumgerüste
papierne blätter
rascheln in der windstille

ein blechkopf
gekreuzigt über wüstem land
ihr seid schon jenseits
der durchbohrten uhr
hier kriecht die strasse
in den schlamm zurück
aus dem sie kam
unter dem weiten horizont
verliert sich alles
der gedanke kehrt zurück
immer wieder hierher
die langsam schwingende schaukel

etwas verfinstertes
sitzt still auf der veranda
und schmeckt die zeit
mit weichem gaumen
in einer staubwehe
reglose kühe
und wie von ungefähr
windfetzen im stacheldraht
aus gras und tierhaar

der sog der stiege
die immer nur
nach oben führt
bläuliches flackern
eines alten fernsehers
durchzuckt den dunklen korridor
sein bild sackt durch
ein todesflugzeug
das geschwindigkeit verliert

disharmonische musik
unverständliches gemurmel
von katastrophen
todesschreie
ins holländische übertragen

und eine rinne für das blut
den blutmoment

in welcher richtung
müsste man forschen
wer liest die wegweiser
wohin sie drehn
zum knochenhaus
zur vagen heide
mechanischer wald
wegweiser
die nicht existieren

II

die körper der mädchen
stehen quicklebendig
vor der eingangstür
bei ihnen ist sommer
im haus nicht mehr
im haus ist nichts mehr

ihr lachen
dringt nach innen
wird etwas anderes
läuft spitz zu
dringt spitz
in die völlige stille

in der küche
brummt der kühlschrank
leer
nur eine blechdose
mit geschrumpfter vogelleiche

der kühlschrank brummt
und schüttelt sich
doch er ist warm im innern
gelbes licht
als er geöffnet wird

einer
sitzt im dunklen sessel
wartet
seine hände liegen still
dann
ist der sessel leer
hier sass niemand
niemals
der spricht
keine sprache mehr
mit einer maske
aus haut

langsam träge vorhangbrise
der raum verlassen
wartet
einen endlos
unbeweglichen moment
die zeit steht still
in einer falle
einem hinterhalt
ein abbruchhaus
auf der vergilbten ansichtskarte
wo die wolken
langsam ziehn

ihr seid tot
niemand wird euch finden

Oliver Issel

geboren 1965

aus russland
schickte einer meiner grossväter
gepresste blumen mit der feldpost
an seine frau
ein eher schwacher mann
ein paar jungen hatten ihn einmal verprügelt

ich hörte der berühmte fotograf
zähle belichtungszeiten
von dem was ihm geglückt erschien
1,4 sekunden

und ein friseur
im tunnel vor den gaskammern
schnitt er das haar
dann kamen seine frau
die kleine tochter

ich wollte dichter werden
schreiben um nicht zu leben
brodsky bukowski brinkmann
brüder ich verneige mich

mit elf jahren kurze unsterblichkeit
ein tor für die schülerauswahl
verzückte gesichter
die mich umarmten

und eine schönheit
die später einmal ihren wagen
auf der kreuzung anhielt
in neuem grünem kleid
eine pirouette für mich
es regnete
die anderen hupten

ich weine wenn humphrey bogart
aus seinem versteck in der felswand springt
den namen des mädchens ruft
und hinterrücks erschossen wird

vor der arbeit gehe ich zum tempel
aber letztes jahr zur biermeile
betrank ich mich bis ich zu boden fiel
meine schuhe besprenkelt mit meiner kotze

billy wilder sagte
jeder hund
hat einen grossen tag
und manche hunde zwei

die erzählung oliver issel
eine erfindung
meiner unbewussten eltern
ich bleibe mir ein rätsel
die hetzer seien verflucht

Petra Urbaniak

Verzaubertes Haff

Dieses Blau schickt der Ozean.
Dieses Weiß sollen wir durchwandern.
Die gefrorenen Wellen,
eine in Eis geschlagene Skulptur
zur Erinnerung
an das Meer.
Die Kälte greift
nach Händen,
Ohren, Nase
und Mund,
sie macht uns wach.
Da sein, ganz sein,
mit knirschenden Schritten im Schnee.
Die Möwen steigen und stürzen
für das geworfene Brot
der weiße Strand,
ein neues, leeres Blatt Papier.
Und über allem -
der singende Flügelschlag der Schwäne.

Petra Urbaniak

Wolkenbruch

Es bleibt ein Traum
es darf nicht sein
träumen -
durch die Scheibe hindurch
in den Regen hinein.
Die Tropfen ziehen hin und her
und hinunter und quer
ich kann nicht mehr
weinen um dich -
die Welt zerfließt vor meinen Augen
dahinter, gespiegelt, bin ich.
Im Takt der Gleise
sagt eine Stimme leise
vorbei, vorbei
Träumerei
hinter Glas in die Landschaft hinein
es darf nicht sein.
Das Bild verschwimmt, du fährst und fliehst
und alles, was du an deinem Fenster siehst
kommt heran und ist schon wieder fort
der Regen schlägt gegen die Scheiben
nichts wird so bleiben
bin nicht mehr da und noch nicht dort.
Es zieht mich
es bringt mich in den Regen hinein
vorbei, vorbei
vorbei, vorbei
es darf nicht sein.

Petra Urbaniak

Abschiedsbrief

Liebes Leben,
wie gern
hätt ich Dir die Hand gegeben,
aber Du
machst alle Türen zu,
stellst mich daneben,
nicht dazu.
Liebes Leben,
ich mag nicht mehr
lange Briefe schreiben
an wen und wer
könnte die Schatten vertreiben?
Du hast mir über Jahre zu denken gegeben.
Deinem Licht und Deinen Farben
galt mein ganzes Streben.
Schönes Leben,
Deine Schätze wollt ich heben,
niemand wollte Dich so sehr wie ich
mit jedem Atemzug und Pinselstrich.
Verzeih, mein Herz hat aufgegeben,
mein Hirn ist krank und ausgebrannt.
Dein Dich Liebender
Vertriebener.
In Gedanken drücke ich Dir die Hand.
                                    Vincent

Petra Urbaniak

Das Lied von Luft und Liebe

Mein Brot ist tot,
es schimmelte mir gestern,
der Erdbeerjoghurt begann zu lästern,
du kleiner Becher mit dickem Bauch
warte nur, bald schimmelst du auch.
Ich kann und mag, ich mag nichts essen,
habe Käse, Joghurt, Brot vergessen,
erfolgreich sind die Schönen, Schlanken
und federleicht die Liebeskranken.
Ich atme aus, ich atme ein
und viel mehr geht auch nicht hinein,
der Apfel schrumpelt im Gemüsefach,
um reinzubeißen, bin ich zu schwach.
Ach, würd ich ihn treffen am Bäckerstand
und hielte er zärtlich meine Hand,
dann würd ich es wieder versuchen
mit Brötchen und mit Kuchen.
Schon steigt mir in die Nase ein verführerischer Duft,
doch er sieht mich nicht und ich schnappe nach Luft.

Petra Urbaniak

Wie ein Geschenk

für Charlotte Grasnick

deine Gedichte
an die ich mich halte.
Stufe um Stufe
Wort für Wort
steige ich
hinauf zu dir
oben sehe ich
weit hinein in das Land
erkenne
Häuser und Menschen
Farben und Wege
und die Brücken
über den Fluss gebaut.
Glück und Gefahr
so hoch über allem zu sein
ich greife nach deinen Worten
halte mich
stürze mich
in deine Tiefe.

Petra Urbaniak

An meinen Grenzen

Jeden Abend gehe ich durch das Dorf,
hinein in das Gelb, vorbei an Grün und Rot
hinauf zum Blau.
Und immer die eine Gestalt,
die mir vorausgeht, der ich folge.
Jeden Abend gehe ich durch das Bild,
hinter den Wolken stoße ich an die Wand,
an die weiße Wand meines Zimmers.
Ich kann nicht weiter.
Und lösche das Licht.

Franka-Loraine Hetscher

Bin Tau

Bin Tau, der glitzernd Sonne spiegelt.
Auf rotem Mohn wiegt mich der Wind,
er flüstert mir den Klang der Freiheit,
die Spinne aus mir ein Spektrum spinnt.

In mir spiegelt blauer Himmel,
vermischt mit saftig grünem Gras,
das an diesem frühen Morgen
schillert wie zersprungenes Glas.

Wie Brillanten kann ich funkeln,
mein Glanz mit Sonnenlicht vermischt,
als frische Kühlung für die Pflanzen,
belebend nass wie Meeresgischt.

Mein Spiegel zeigt dir tausend Farben,
verbindet dich mit meiner Welt,
wo Sonne Angst und Schatten blendet
und deine Finsternis erhellt.

So tauche in mich deine Seele,
versinke tief in Lebenslust,
lausch dem Gefühl, das ich dir schenke,
hör auf die Stimme in deiner Brust.

Franka-Loraine Hetscher

Während du schläfst

Während du schläfst,
vermischt sich die Tinte meiner Worte
mit den Farben deiner Träume.
Leicht wie eine Daunenfeder des Kolibris
ist die Freiheit in dir.
Nicht mehr suchend, wirst du dich finden
in dem Licht der Sterne,
im Glanz des Regens,
der die Grenzen in dir auflöst.

Während du schläfst
und unsere Probleme belächelst,
Momente für Ewigkeiten und
Entfernungen für Katzensprünge hältst,
wo die Zeit nicht dein Feind ist
und das Ende immer ein Anfang.
Du findest in der Weite unsere Nähe
und in der Kälte deine Sehnsucht,
die dich wärmt wie die Worte meiner Liebe zu dir.

Franka-Loraine Hetscher

Weise sein

Sei weich zum Stahlgerüst deines Verstandes.
Sei taub bei dem Geschwätz der Lügner.
Sei mutig bei Angst einflößender Furcht.
Sei gnädig, wenn sich ein Feind entschuldigt.
Sei weise bei geistlosen Prophezeiungen.
Sei friedlich zum Gegner deiner Meinung.
Sei ehrlich zu dir selbst,
wenn du jetzt deine Fehler erkennst.

Franka-Loraine Hetscher

Berlin

Bist wuchtig und och stets präsent,
sodass dir wirklich jeda kennt,
bunt im Jesichte anjemalt,
arrojant und überzahlt,
verlangste vom Verehrer Liebe,
steijerst seine wilden Triebe.

Janz unverblümt mit großer Klappe
hauste so mächtich uff de Kacke,
laut schreiste wütend inne Welt,
sachst ehrlich, wat Dir nich jefällt.
Bist teuflisch und verführerisch,
mal reinlich und mal liederlich.

'N bisschen doof jestellt am Morjen,
verscheuchste klug die Alltagssorjen,
sodass de abends stets im Trubel,
verfeijern kannst den teuren Rubel,
den der Verehrer dir jejeben,
denn ohne Jeld könnste nich leben.

Sehr sexy, ehrlich, unjeniert.
haste dich Fremden präsentiert,
und se zum Unfug anjestiftet,
janz unverblümt, den Rock jelüftet.
Du hast mit deiner vollen Pracht,
se jänzlich um ihr Herz jebracht.

Sie konnten sich dir nich verwehren,
in Sehnsucht imma wiederkehren.
Wer dich jesehn, hat Blut jeleckt,
weil dit nach wahrer Liebe schmeckt.
Och wenn Jeschmack doch sehr verschieden,
wird man dir trotzdem ewig lieben.

Franka-Loraine Hetscher

In meiner Mitte

In Unruh kann ich Ruhe finden,
im Lärm der Zeit die Stille hören,
trotz Wut die Liebe in mir spüren,
im Zweifel auf den Glauben schwören.

In Ungeduld die Zeit verlängern,
auf dass Geduld mich weiser macht,
vom Herzen auf mich selber hören,
wird meine Grobheit weich und sacht.

Über Feigheit wachsen Bärenstärken,
die mutig Ängste überqueren.
Das freie Lachen meiner Seele
lässt Trauriges verwehren.

Mit einem Licht, das weisend ist,
den Pfad bewusst entlang zu schreiten.
In meiner Mitte, da steh ich!
Den Horizont ganz auszuweiten…

Victor Bueno Roman

Asyl

Leihe mir, Bruder, etwas von deinem Land,
und ich baue für meine Familie mit eigener Hand
den ersehnten Brocken meiner verlorenen Heimat.

Schenke mir, Schwester, Lächeln und Vertrauen,
denn viele sind's, die mich meiden und mir misstrauen.
Gebe mir Zuflucht und deine schützende Wärme.

Teilt mit mir euren festen Glauben,
meine Hoffnung ist noch wie unreife Trauben.
Zeigt mir, Freunde, wo ich Mut finden kann.

Victor Bueno Roman

Der Sessel

Du gingst abends
weinend voran;
ich erschien morgens,
schweigsam und allein.

Vor einem alten Baum
steht dein Sessel,
durchgesessen, leicht geneigt.
So ließest du ihn auf der Straße.

Auf dem Sessel sitzt
eine offene Frage,
traurig, allein, verlassen,
was ich nicht ertrage.

Victor Bueno Roman

Aus einem gelben Schloss reitet ein grüner Held ins gelbe, flache Land hinaus

Für Elisabeth Hackel, in memoriam

In Eile reitet ohne Helm und Schild ein grüner Held,
krumm, aber fröhlich sitzt er auf einem weißen Ross.
Da hinten bleibt auf grünem Berg sein kleines Schloss.
Er sucht die Liebste auf dem gelben Rosslauer Feld.

Der Reiter saust von Süden nach Norden wie im Winde
Die Sehnsucht und das Warten spüren die letzten Wehen.
Bei Tag oder Nacht, Wärme oder Kälte will er sie sehen:
Ein Land ist stolz auf seine jüngste, prächtige Linde.

Er zeigt der Liebsten den grünen, langen Weg zu sich.
Aus zwei wird eins, dank der gleichen Richtung:
Gesang und Tanz, Gespräche, Kunst und Dichtung.
Er flüstert in ihr Ohr: „Wir geh'n. Begleite mich!"

Victor Bueno Roman

Apfelregen

Im Zweistromland
Hört es auf zu regnen.
Aus dem Himmel
Fallen Äpfel und Blumen
Und aus dem Boden
Wachsen
Sehnsüchte und Träume.

„*Verse aus dem verlorenen Paradies", Ein Zyklus (Auszug) zu Bildern des kurdisch-irakischen Malers Adnan Shino*

Victor Bueno Roman

Elodie

Vier Jahre sind wohl keine Ewigkeit,
aber, ich muss es dir sagen:
Die Zeit war intensive Gemeinsamkeit.

Vier Jahre sind, Elodie, vergangen
und in diesen kurzen Jahren
uns allen ist mit dir wohl gut ergangen.

Verspielt im Flur, in Küche und Stube,
mit Rassel und Puppen auf der Couch.
Ohne dich wird der Tag zur gähnenden Grube.

Abschied ist heute unser letztes Wort.
Du wusstest nichts, du bliebst ahnungslos.
Für dich gibt es keinen Kindergarten, keinen Hort.

Fakt ist, Elodie, wir sehen uns nie mehr.
Mein Schmerz, unser Schmerz bleibt
wellig, salzig und tief wie das Meer.

Victor Bueno Roman

Entlassung in die Wüste der Nacht

Leid und Schwere
eines Gauls
rührten ihn zu Tränen.

Weinend vor dem Tier
betrat sein Geist
einen dunklen Pfad.

Victor Bueno Roman

Es war einmal hierzulande

An einem Sommertag im alten Lübars
sehe ich einen dunklen Stier aus Holstein:
Er liegt auf der Wiese erschöpft und verletzt.

Zu mir fliegt, hoch und rasant, eine Taube hin;
drüben versucht der Stier sich zu erheben:
Möglich, Herz und Beine entkräftet sind.

Vor ersehnter Freude und Freiheit die Taube
dringt ins Labyrinth des Märkischen Viertels ein.
In Lübars, vor mir, liegt noch der Stier aus Holstein.

Victor Bueno Roman

Farben deutscher Dichtung

Wodan und Siegfried sind goldgelb
und von der Vogelweide sandbeige.
Schiller ist efeugrün
und Goethe himmelblau.
Weinrot ist Heinrich Heine,
Rainer Maria Rilke orange
und von Kleist türkis.
Trakl ist betongrau
und Bertolt Brecht notorisch hell.

Victor Bueno Roman

Im Sanatorium

meiner Mutter Andrea Avelina (1921-2002) gewidmet

Zwischen Sitzen und Liegen bist du, Mutter,
und hinter deinem kleinen Fenster siehst du
eine Sippe von alten und jungen Birken.

Die Stämme in weißem Kittel kennst du nicht,
aber sie spenden dir Erholung, Ruhe und Frische:
Sie alle stehen Wache, abends, wenn du schläfst.

Von deinem Besuch hatte ich wenig, Mutter,
weil du fern und gesperrt für mich bliebst:
Halbgeheilt tratest du, später, den Heimflug an.

Victor Bueno Roman

Vom Alten nicht Neues

Er läuft und berührt Häuser, Gebäude und Wände.
Nicht zu sehen die Lehmziegel und das Blechdach:
Alles ist nur dünne, flüchtige Masse für seine Hände.

Vergebens gesucht in der hiesigen, urbanen Luft
die salzige Brise und des Ozeans schaumige Wellen:
Nirgendwo ist von seiner Heimat vertrauter Duft.

Anders die Menschen, die Natur und die Farben.
Beim Halbmond einer kurzen, ungewöhnlichen Nacht
betrachtet der alte Mann den Herbst seiner Narben.

Victor Bueno Roman

In Weimar

I. - Der Tag

für Karin

Groß und weich
unser Bett.
Gelbe und rote
Blätter,
überall liegen sie.
Heimisch wirken sie
in der Landschaft.

Draußen
Lärm und Staub,
Schreie und Lachen.
Drinnen
wellt das Flüstern.
Dazu schwitzen
dicke weiße Wände.

II. - Die Nacht

für die Opfer des KZ Buchenwald

Schrei eins, Schrei zwei,
vorher anders das Leben,
heute sind wir nicht frei.
Schrei im Lande, dem folgen
zunehmende und lange Zeit
Stürme, Flut und starkes Beben.

Victor Bueno Roman

Halabja, im März 1988

Vor Schrecken und Angst
Schwellen die Augen.
Feuer und Senfgas zerfraßen
Nase, Mund und Hals.
Das Weideland niedergebrannt
Und dabei erstickten
Mensch und Tier.

„Verse aus dem verlorenen Paradies". Ein Zyklus (Auszug) zu Bildern des kurdisch-irakischen Malers Adnan Shino

Victor Bueno Roman

Nacht der Fackeln in Rostock, Mölln und Solingen

In diesem deutschen Lande
verbreitet sich der Hass,
verbreitet sich die Schande.

Im Wohnhaus Angst und Schrei,
das Leben drinnen stark bedroht;
nicht weit der Mob kocht seinen Brei.

Ein lauter Satz: Das Feuer ist aus!
Es qualmt, wo Leben früher war.
Die Fremdenhasser fordern uns heraus.

Victor Bueno Roman

Jana van Otten

Für mich bleibst du ein begehrter Fang
bei Tag oder Nacht, draußen oder drinnen.
Wie kann ich dich anregen oder gewinnen,
ohne zu verlieren meinen eigenen Klang?

Meine Sätze, hast du gesagt, seien zu lang,
und dazu bin ich für dich ein exotischer Ton:
Nun leihe mir aus, Jana, dein altes Xylophon
und ich lerne, bestimmt, einen neuen Gesang.

Flämische Sonne erscheint im Morgenrock,
die Scheune erwacht in Lärm und Düften;
hinein mit deinen weißen und breiten Hüften
auf uns warten Hahn und Kuh, Lamm und Bock.

Bei Kerzen will ich mich, Jana, mit dir verbünden
und dich küssen und mit dir auf dem Sofa liegen.
Ich werde mich auf deiner Silhouette zart wiegen,
um deinen flämisch pulsierenden Schatz zu finden.

Victor Bueno Roman

Mit Vera bei einem Coffee-Shop

> „She says she loves you"
> *Lennon & McCartney*
> *(„She loves you")*

Den *Samson-Tabak* drehst du vor dir
und bettest ihn in die *Elvirablättchen* ein.
Aus deinen Händen und der blauen Packung
strömen grüne, gelbe und weiße Düfte zu mir.

Dünste, Wortflüsterer und Farben jedem bereiten
Weg und Beet im tiefliegenden Wald,
wo Schwertlilien und Birken verweilen,
wohin wir aus dem Coffee-Shop in Eile gleiten.

> *Als der erste Ton erklang,*
> *Da sah ich hinter dem Walde,*
> *Wie die leuchtende Sonne sank*
> *Und Nacht lag über der Halde.*

Die Blumenkinder und die braune Java-Puppe
werfen auf uns Konfetti und Buntsandsteine.
Wir gehen hungrig an den nächsten Asia-Imbiss
und essen stehend die preisgünstige Gurkensuppe.

An einem Ufer der *Status quo* und ihr Boot
und an dem anderen die *LSD*-Generation
- mit Onkel Ho Chi Minh und Ché Guevara -,
die den Dreiteilern unermüdlich Paroli bot.

> *Als der erste Ton erklang,*
> *Da sah ich hinter dem Walde,*
> *Wie die leuchtende Sonne sank*
> *Und Nacht lag über der Halde.*

Vor der Brücke meine Gedichte und Lieder
begleiten mich und mit ihnen sage ich dir:
Höre auf!, Vera, sonst rutsche ich nochmal
mit dir oder ohne dich in die alte Heimat wieder.

Victor Bueno Roman

Raps

Mitten durch dieses Feld
ziehen Schienen in die Ferne
und ihre Fracht ist alter Rost.

Meine Kinder laufen darauf
vertraut und erfreut:
dem Raps und den Schwellen nah.

Elisa pflückt ihre Wiesenblumen
und Milans Erdklumpen und Steine
wollen die ziehenden Vögel begleiten.

Auf der Wiese grünt die Gegenwart;
auf Schienen liegt die Vergangenheit:
Dazwischen laufen meine Kinder und ich.

Fritz Leverenz

März 1987

Wir,
heute,
kommen nicht mehr her,
verträumen die Zeit,
die große Wiese,
auf der Blumen
und Schmetterlinge
die Not des Abends
verschönen,
an der Flüsse
erschreckt
sich wälzen
in ihren Betten
von Ufer zu Ufer. -

Die Fähre
an Ketten liegt.
Wer wird da kommen
und fragen
und wer
den Mut finden,
sich übersetzen zu lassen.

Almut Armélin

Am Gendarmenmarkt

Auf dem Dorf meiner Kindheit
wusste ich noch nicht
von spätem Wünschen und Hoffen.

Sonntage
auf dem Land und in der Stadt
unterscheiden sich
wie Tag und Nacht.

Langsam vergeht
die Zeit auf Steifzügen
durch Wiesen und über Felder.
Von weitem sah ich
die Postbotin schon.
Persönlich übergab sie
die Briefe.

Als ich das Wort Idylle
noch nicht kannte,
schälte ich Kartoffeln
draußen in der Sonne,
zu meinen Füßen das farbige Laub.
In der Stadt
kommen die bunten Blätter
schnell unter die Räder,
meine Wünsche nach Stille
bleiben offen.

In der Stadt
finde ich selten Schlaf
bei Lärm und hellem Licht
bis in die Schatten der Vorhänge.
Hier schreien mich
Bar, Restaurant, Café
mit ihren leeren Plätzen an.

Laut geht er vorüber,
der Tag- und Nachtstrom der Touristen.
Die Menschen in ihrer Hast
übersehen den Frühling und die Sterne.
In der Stadt fühlt sich dein Brief
fast verloren an
unter der Flut von Reklame.

Almut Armélin

Der Andere

                        Für Ulrich G.

Der Andere
war in meinen Gedanken
nicht mehr auszumachen.
Bin ich es selber,
ist es ein Fremder,
eine Fremde in mir,
in welcher Stimmung
erkenne ich mich?

Es ist schön,
wenn ich so in meiner Art
da sein kann und
du es schön findest,
wenn ich schreibe.

Höre
von einem Haus,
das schwankte
und nicht zerbrach.
Gut ist es,
den Boden nicht
verloren zu haben,
Schilfhalm
im Arm des Windes.

Wie fest er bleibt.
Ich empfinde
den Felsen
unter ihm,
sehe Bilder,
bei denen der Haken
hervor tritt,
mein Leben
wie Lehm,
nachgiebig,
nicht Treibsand
erstarrter
Sonnenstrahlen,
Lehm in Händen,
feucht,
im Aufbäumen
gebunden.

Sehnsucht,
da sie das erste war,
war sie das Ganze.
Erkennbar,
dass einer wie du
so zu reden vermag.

Da sollten Anknüpfungen
nicht fehlen.

Autorinnen und Autoren

Anke Ames, geboren 1964, studierte Literaturwissenschaften und Philosophie in Berlin und grafische Komposition in Duisburg. Grenzgängerin zwischen Text, Bild und Klang. 2006 Hamburg: Benefizkonzert für die Ausbildung afghanischer Frauen im Rahmen von Wissenstransfer 2008: Arbeit an einer Komposition für die Dortmunder Station des „Zug der Erinnerung". Sie arbeitet aktuell als Violin- und Improvisationspädagogin. Veröffentlichungen: „Gaia", Grafische Kompositionen für Improvisatoren, Musikverlag Manfred Weiß; CD: „Dollys song" mit Am-Post, veröffentlicht auf ProJazz Sampler 1999; vertreten in den Lyrikanthologien „Winternebel" und „Ein Zeichen von dir".

Almut Armélin, geboren 1941 in Halle/Saale, lebt seit 1961 in Berlin. Von 1961 bis 1965 Studium der Volkswirtschaftslehre an der Humboldt-Universität in Berlin. Diplom-Wirtschaftlerin in verschiedenen Betrieben und wissenschaftlichen Einrichtungen, u. a. im Akademie-Verlag. Seit 1995 in verschiedenen Frauenverbänden ehrenamtlich tätig. Seit 2014 Mitglied des Köpenicker Lyrikseminars/ Lesebühne der Kulturen.

Dorothee Arndt, 1980 in Rostock geboren, studierte Kommunikationsdesign und Medien mit dem Schwerpunkt Malerei und Illustration. Seither freiberufliche Tätigkeit als Malerin und Grafikdesignerin. Zahlreiche Ausstellungen. Auslandsaufenthalte in Dublin und Dänemark. Einladung zur Lyrikwerkstatt in den Konzertpavillon nach Graal-Müritz durch das Haus des Gastes, dort Auszeichnung des Gedichts „Zeit". Veröffentlichung von Lyrik in „... noch einmal steigt der Sommer" und der Zeitschrift „Risse" - Zeitschrift für Literatur in Mecklenburg und Vorpommern, Ausgabe 32 „Verführung". Homepage: www.dorothee-arndt.de

Ralf Burnicki, geboren 1962, ist Mitglied im Verband der Schriftsteller und Teil des libertären Literaturprojekts „Edition Blackbox" in Bielefeld. Verschiedene Preise, Lesungen auf diversen Literaturtagen (Berlin, Bochum, Kiel, Magdeburg, Kamp Lintfort

u. a.). Poetrybände: „Die Wirklichkeit zerreißen wie einen misslungenen Schnappschuss" (zusammen mit M. Halfbrodt); „Überhitzung" (City Poetry, mit sechs Grafiken von Barnd Gruschka); „Die Straßenreiniger von Teheran" (Lyrik aus einer Iranreise, zusammen mit M. Sharif); „Zahnweiß" (Kaufhauspoetry), allesamt erschienen bei Edition AV (www.edition-av.de).

Andreas Diehl, geboren 1951 in Eilenburg (Sachsen), Kindheit in dieser Stadt, später wohnhaft in Leipzig. Studierte in Moskau, Potsdam und Berlin, jetzige Tätigkeit Archivar. Lebt in Berlin. Lyrisches Schreiben seit den frühen achtziger Jahren. Veröffentlichungen von Gedichten in den Zeitungen „Neues Deutschland" und „Junge Welt" sowie Abdrucke in einer Vielzahl von Anthologien. 2005 erschien der zweisprachige Band „Abschied ins Dritte Land" im verlag am park, ein Imprint der edition ost.
Bezug: diehlandreas@gmx.de

Rela Ferenz, geboren 1940 in Bochum. Physikstudium und Promotion in Berlin. Arbeitete bis 2005 an der Fachhochschule Bielefeld und wandte sich danach verstärkt der Lyrik und Kurzprosa zu. Im Verlag united p. c. erschien 2012 der Gedichtband „Die Mühle am Bach", 2013 der Gedichtband „Sintemalen Floh und Fliege", überdies ein Band mit Erzählungen „Tod in Tegel". Er veröffentlichte außerdem die Bände „Mord in der Steintherme. Skurrile Texte" und „Geschichten aus dem Nichts. Mirakel-Märchen-Moritaten". 2014 erscheint ein Band mit Erzählungen unter dem Titel „Johanna Schellenbaum".

Marko Ferst, geboren 1970, wohnt bei Berlin, Politikwissenschaftler. Veröffentlichte die Gedichtbände „Umstellt. Sich umstellen", „Republik der Falschspieler" und „Jahre im September". Er ist Herausgeber der Bücher „Erich Fromm als Vordenker" und „Wege zur ökologischen Zeitenwende". Überdies schrieb er den Band „Täuschungsmanöver Atomausstieg?" und gab den Erzählband „Die Ostroute" heraus. 2006 erhielt er einen deutsch-polnischen Literaturpreis für Gedichte. Autorenhomepage: www.umweltdebatte.de

Hanna Fleiss, geboren 1941 in Berlin. Rentnerin. Ihr Gedichtband „Nachts singt die Amsel nicht" erschien 2013 (United-Verlag).

Große Schule des Schreibens Axel-Andersson-Akademie, Lyrik-Lehrgang Bibliothek deutschsprachiger Gedichte 2010. Veröffentlichungen in diversen Anthologien.

Peter Frank, geboren 1959 in Hamburg. Nach Abitur und Wehrdienst Studium der Anglistik, Geschichts- und Erziehungswissenschaft. Nach dem Referendariat Lehrtätigkeit an öffentlichen Schulen und in der Erwachsenenbildung. Ausbildung zum Industriekaufmann und Betriebswirt. Seit 1998 Lehrer an einer Schule in Schleswig-Holstein. Als Jugendlicher Verfasser von englischen Songtexten, später auch von Gedichten in deutscher Sprache. Teilnehmer des 5. regionalen Lyrikseminars für Hamburg und Schleswig-Holstein. Veröffentlichungen in Anthologien, u. a. im „Ziegel 13. Hamburger Jahrbuch für Literatur 2012/13", herausgegeben von Jürgen Abel und Wolfgang Schömel.

York Freitag studierte Musik und Philologie. Tätig u.a. als Journalist, Lektor und Dozent. Wissenschaftliche Arbeiten. Übersetzungen aus dem Englischen und Russischen. Mitglied verschiedener Lesebühnen. Lesungen, darunter auf der Leipziger Buchmesse und im Rahmen der Dichterbegegnung „Cita de la Poesía: Berlín-Latinoamérica". Veröffentlichung von Lyrik und Prosa in Zeitschriften und Anthologien, u. a. bei Peter Lang und Suhrkamp. Finalist beim 14. open mike 2006. Preisträger im Literareon-Kurzgeschichtenwettbewerb 2007. Gewinner des 2. Carmer-1-Lesebühnen-Wettbewerbs im Bereich Lyrik 2012 zusammen mit Oliver Issel. Stipendiat von Unternehmen Lyrik 2013.

Charlotte Grasnick (1939-2009) wuchs in Thüringen auf. Nach dem Musikstudium an der Hochschule für Musik „Carl Maria von Weber" in Dresden war sie seit 1970 unter Felsenstein Altistin im Chor der Komischen Oper. Überdies sang sie im Rundfunkchor und war als Musiklehrerin tätig. Sie hat zwei Söhne und war bis zu ihrem Tod mit dem Lyriker Ulrich Grasnick verheiratet. 2010 erschien der Band „So nackt an dich gewendet". Er enthält die Bände „Nach diesem langen Winter", 2003, „Blutreizker", 1989 und „Flugfeld für Träume", 1984 (zusammen mit Ulrich Grasnick). Sie ist in zahlreichen Anthologien vertreten, zudem liegen noch unveröffentlichte Gedichte und Prosa vor.

Ulrich Grasnick, 1938 in Pirna geboren, Studium an der Hochschule für Musik „Carl Maria von Weber" Dresden. Seit 1975 Leiter des „Köpenicker Lyrikseminars", später des „Karlshorster Lyrikkreises" u. a., Auszeichnung mit der goldenen Medaille des Peruanischen Schriftstellerverbandes „Haus des Peruanischen Dichters" (Lima) und Ehrenmitgliedschaft. Er veröffentlichte die Lyrikbände: „Der vieltürige Tag", 1973, „Gespräch mit dem Spiegel" 1976, „Ankunft der Zugvögel" 1978, „Pastorale", 1978, „Liebespaar über der Stadt", 1979, „Flugfeld für Träume" (gemeinsam mit Charlotte Grasnick), 1984, „Das entfesselte Auge", 1988, „Hungrig von Träumen", 1990, „Fels ohne Eile", 2003, „Im Klang einer Geige geborgen ein Traum", 2006. Er gab mehrere Anthologien heraus. Mehrfache Zusammenarbeit mit Prof. Günter Schwarze bei musikalischen Aufführungen, für die er die Texte beisteuerte.

Elisabeth Hackel (1924-2014) studierte Pädagogik an der Humboldt-Universität zu Berlin. Tätig als Lehrerin, redaktionelle Mitarbeit am „Jahrbuch für Erziehungs- und Schulgeschichte". Eigene Gedichtbände: „Tage im blauen Licht zwischen Abschied und Bleiben" (12 Tankas), „Vielleicht kann ich aus deinen Briefen mir neue Flügel falten", „Luftwurzeln", „Frei werden für Licht", „Tage ohne Geländer", „Ausgewählte Gedichte" spanisch und deutsch, übersetzt von José Pablo Quevedo, „Tankablumen, Distelsterne, Haiku-Augenblicke". Veröffentlichungen in Anthologien.

Brunhild Hauschild, geboren 1953 in Berlin, arbeitet freiberuflich als Gesellschafterin. Zuletzt veröffentlichte sie den Band „Wenn die Schuhe zu groß werden oder Spagat zwischen zwei Welten", in dem sie ihre Erfahrungen mit Demenzkranken verarbeitet. Sie ist Mitglied des Köpenicker Lyrikseminars und der Lebebühne der Kulturen.

Franka-Loraine Hetscher, 1964 in Berlin (ehemalige DDR) als Tochter eines Japaners und einer Deutschen geboren. Sie ist ausgebildete Wirtschaftskauffrau und arbeitet als freischaffende Schriftstellerin und Mentalcoach. Sie ist spirituell interessiert. Seit 2010 schreibt sie Lyrik und Prosa. Im Köpenicker Literaturseminar und im Kreuzberger Büchertisch ist sie Mitglied. 2013 erschien ihr Band „Liebe meine Seele lenkt".

Oliver Issel, geboren 1965, studierte Germanistik und Philosophie und absolvierte eine Buchhändlerlehre. Tätig als Palliativhelfer, Buchhändler und im Sicherheitsdienst. Schreibt Lyrik und Kurzprosa. Auftritte bei verschiedenen Lesebühnen. Mitglied des Köpenicker Lyrikseminars und der Lesebühne der Kulturen. Gewinner des 2. Carmer-1-Lesebühnen-Wettbewerbs im Bereich Lyrik 2012 zusammen mit York Freitag. Oliver Issel lebt in Berlin.

Reinhard Kranz, geboren 1939 in Berlin, erwerbstätig in verschiedenen gewerblichen Berufen. Ab 1973 Beschäftigung mit Malerei und Grafik, seit 1982 schreibt er Gedichte und seit 1991 spielt er Klavier und Keyboard. Veröffentlicht in Ausstellungen, Abdrucke in Zeitschriften und Anthologien. Publizierte einen Gedichtband und einen Roman.

Günter Kunert, geboren 1929 in Berlin, studierte nach dem Krieg einige Semester an der Kunsthochschule in Berlin. Er gehörte 1976 zu den Erstunterzeichnern der Petition gegen die Ausbürgerung von Wolf Biermann. 1979 reiste er aus der DDR aus in die Bundesrepublik und lebt heute in Kaisborstel in Schleswig-Holstein. Für sein umfangreiches Werk - Gedichte, Essays, Reisebücher, ein Roman, Erzählungen, Kinderbücher, Theaterstücke, Filmdrehbücher - wurde er mit zahlreichen renommierten Preisen ausgezeichnet. Einige ausgewählte Veröffentlichungen: „Mein Golem. Gedichte", 1996, „Erwachsenenspiele. Erinnerungen", 1997, „Nachtvorstellung. Gedichte", 1999, „So und nicht anders. Ausgewählte und neue Gedichte", 2002, „Ohne Botschaft. Gedichte", 2005, „Irrtum ausgeschlossen: Geschichten zwischen gestern und morgen", 2006, „Als das Leben umsonst war. Gedichte", 2009, „Das letzte Wort hat keiner. Über Schriftsteller und Schriftstellerei", 2009, „Kunerts Katzen. Gedichte, Reflexionen, Zeichnungen", 2012, „Tröstliche Katastrophen. Aufzeichnungen 1999-2011. Reflexionen. Notate. Erinnerungen. Aphorismen", 2013.

Fritz Leverenz, Jahrgang 1941, verheiratet, zwei Kinder. Berufe: Former, Lehrer, Erzieher. Die wichtigsten Veröffentlichungen sind die Erzählbände „Lied der Grasmücke", 1987, „Sikesö, der

Graue Kater und der Kleine Frosch Ulysses", 2003, die ergänzte Fassung: „Amsel Amadeus und der Graue Kater", 2005, „East-Side Stories", 2007, sowie Erzählungen und Reportagen in Anthologien.

Michael Manzek, Berliner Gedichte- und Liedermacher, geboren 1970 in Berlin. Musiker in der Zwei-Mann-Band „mssk" mit Sebastian Kautz. Studium der Sozialpädagogik, seit 1990 in der Behindertenarbeit der Stephanus-Stiftung tätig. Langjährige Mitarbeit im Köpenicker Lyrikseminar unter der Leitung von Charlotte und Ulrich Grasnick. Lyrikbände: „Die Sucht, am Wind zu vibrieren. Gedichte", 1994, „Gehe auf Händen im schattigen Tal. Gedichte", 1996, „Vorstadt. Köpenicker Gedichte", 1997, „Rilke Blues. Gedichte", 2000, „Frösche im Regen. Gedichtporträts", 2002, „Der König war der Müggelsee. Neue Köpenicker Gedichte", 2003, „Dein nur vom Wind gehaltenes Kleid Gedichte", 2007, „Vor der Erinnerung. Gedichte", 2008, „Ankunft des Meeres. Gedichte", 2009, „Vor der Erinnerung. Gedichte", 2012, „Ich singe Buchstaben, ich singe Farben. Kindergedichte" 2012, „Immer schauen wir durch die Augen der Bäume. Gedichte", 2013. Autorenhomepage: www.michaelmanzek.de.

Reiner Müller, geboren 1969 in Berlin-Friedrichshagen, arbeitet als Abteilungsleiter im sozialen Bereich in Berlin. Seit 1984 schreibt er Lyrik und Prosa. Er sieht sich als ein Schüler von Ulrich und Charlotte Grasnick und nahm u. a. am Poetenseminar in Schwerin teil. Er leitete Literaturzirkel und Drehbuchseminare und ist Mitglied des Karlshorster Dichterkreises und der Lesebühne der Kulturen unter Leitung von Ulrich Grasnick.

Jürgen Polinske, 1954 als ältestes von sechs Kindern in Potsdam geboren, aufgewachsen in Luckenwalde. Kristallographiestudium (nicht beendet), Fachschulstudium, Bibliotheksfacharbeiter. Verheiratet, zwei Kinder. Seit 1990 Obermagaziner der Zentralen Universitätsbibliothek der Humboldt-Universität zu Berlin. Er veröffentlichte die Bände „in guter Gesellschaft", 2004, „stürmische Umarmung. Gedichte aus 2005 und 2006 zu Griechenland", 2005, „Infinitamente Azul y Sabor a Cacao. Gedichte", mehrsprachige Ausgabe, 2007, „Erborgtes Licht und mit geborgten Worten von den Brüdern Humboldt. Gedichte", mehrsprachige Ausgabe,

2010/ „Am Ende der Siesta/ Al Final de la Siesta. Gedichte", mehrsprachige Ausgabe, 2010.

José Pablo Quevedo wurde in Piura/Kreis Catacaos in Peru geboren. Nach dem Studium der deutschen Sprache in Leipzig von 1976 bis 1978 studierte er in Berlin Philosophie und promovierte 1989 auf diesem Gebiet. In den Jahren 1993 bis 1994 lehrte er an der Fakultät für Kulturwissenschaften an der Humboldt-Universität zu Berlin. Er ist der Gründer der literarischen Dichterbewegung „Melopoefant" oder „Sismo Poético Resistente" sowie der „Cita de la Poesía: Berlín-Latinoamérica". Er schrieb acht Gedichtbände und fünf Kinderhörspiele, darunter „Der Kontinent der Sonne". Eine Hörkassette und CD erschien 1997 in Huancayo/Perú ebenfalls unter dem Titel „El Continente del Sol". Sie enthält 20 Vertonungen von Gedichten des Autors.

Victor Bueno Roman, geboren 1949 in Lima (Peru), ist Philologe, Dichter und Übersetzer. Er studierte Ibero-Amerikanische Literatur in Lima. Er war Hochschullehrer für Spanisch und Literatur in seiner Heimat. Seit 1978 ist er in der BRD und studierte die deutsche Sprache an der Ruprecht-Karls-Universität Heidelberg. An der FU Berlin begann er 1983 ein Promotions-Studium in den Fächern Lateinamerikanistik, Ethnologie und Soziologie. Er war Dozent für Spanisch als Fremdsprache. Zurzeit arbeitet er im Zeitgeschichtlichen Archiv (ZGA) des Berlin-Brandenburgischen Bildungswerks e.V. Er ist Autor der Gedichtbände „Tránsito a la poesía" („Übergang zur Poesie") und „Camina el Autor". Poemas („Der Autor unterwegs". Gedichte). Seine Gedichte sind in den Anthologien „Inselfenster 3" und „Jedes Mal wie ein Geschenk" vertreten. Er schreibt auch Erzählungen. Zahlreiche Artikel und Essays auf Spanisch über Literatur, Gesellschaft und Politik sind im Internet zu finden.

Friedeborg Stisser, Schriftstellerin, geboren in Göttingen/Niedersachsen, lebt nordöstlich von München. Sie war unterrichtend tätig, hat an Drehbüchern und Dreharbeiten beim Bayerischen Fernsehen mitgewirkt. Publikationen: Märchenroman „Gläserne Kugel" (Arun-Verlag), 1991, satirischer Roman „Was denkst du, lungsroman „Faustina Tott" (C. H. Beck Verlag). Diverse Veröffentlichungen in Anthologien und Literaturzeitschriften, war redaktionell und im Vorstand für die Literaturzeitschriften IGdA-aktuell (Interessengemeinschaft für deutschsprachige Autoren) und „Gedankensprung" tätig.

Stephan Terrey, geboren 1971 in Berlin. Zwei Berufsausbildungen, die letzte davon als Heilerziehungspfleger. Arbeitete 15 Jahre in der Betreuung von Menschen mit geistiger Behinderung und fünf Jahre als Einrichtungsleiter. Seit 2012 Referent Unternehmensentwicklung und ab 2013 Regionalleitung bei einem großen Unternehmen der Berliner Behindertenhilfe. Verheiratet, eine Tochter.

Petra Urbaniak, geboren 1971 in Berlin. Zwei Berufe: Filmkopierfacharbeiterin (DEFA), Reiseverkehrskauffrau. 1988 im „Zirkel schreibender Arbeiter" unter der Leitung von Günter Wünsche im Kulturhaus Karlshorst. Seit 1996 Arbeit im Köpenicker Lyrikseminar, später Lesebühne der Kulturen in Karlshorst unter Leitung von Leitung Ulrich Grasnick. Veröffentlichungen in Anthologien u.a. „Schreibarbeit"; Schreibwerkstatt mit Renate Weigt-Apitz 1995. „Inselfenster 3" Gedichte 1998. Köpenicker Lyrikseminar. „Unterwegs" und „...total verboten" 2005/06 von schreibfeder.de. Beiträge für die Quartierszeitung „Kiezblick" in Berlin-Marzahn als ehrenamtliche Kiezreporterin. Seit 2013 Mitglied der Autorengruppe „OPUS 53". Lebt und schreibt in Berlin.

Marcela Ximena Vásques Alarcón wurde 1970 in Chile geboren. In den 1990er Jahren lebte sie einige Jahre in Berlin. Derzeit wohnt sie in Chile. Sie schreibt seit ihrem 13. Lebensjahr Gedichte. Ihre Hauptthemen sind die Frau, Erotik und die Suche nach Liebe. Veröffentlichung: „Ailini. Eine Liebesgeschichte" (mundtot verlag), 2000.

Frank Wegner-Büttner, geboren 1955, studierte Theaterwissenschaft und Philosophie. Er arbeitete einige Jahre am Theater als Regieassistent und Regisseur. Derzeit ist er Mitarbeiter im Kulturbereich des Bezirksamtes Treptow-Köpenick von Berlin. Seit 1987 ist er Mitglied im Köpenicker Lyrikseminar unter der Leitung von Ulrich Grasnick. Veröffentlichungen in der Anthologie „Inselfenster 3" und im Rahmen der „Cita de la Poesía: Berlín-Latinoamérica".

Inhalt

York Freitag

5	Gebrauchsanweisung für die lange Nacht
6	Verlass
6	sonst oft sonnig
7	spazieren (2)
7	tabula rasa
8	Iason im Winterhauch
9	Mohnblues
10	Foto mit Lilie
10	Labyrinth
11	Lichtfänger
12	arme Lisa
12	meine Gesichter
13	Monolog über Trossin
14	November (1)
15	November (2)
15	eine Allee Nr. 27

Jürgen Polinske

17	Mahnen?
18	Achupaya tilancia
18	Ihnen nach
19	Aus dem Bullauge ein Blick
19	Im Vorbeigehen
20	César Vallejo
21	Himmel und Staub
22	Lebensfrage
22	Korallenblut
23	Lima liest
23	Der Pelikan
24	Sinnloser Versuch
24	Wunschkonzert
25	Motivjagd
26	Wer nicht hören kann …

Elisabeth Hackel
27   Berliner Hofgeschichten
28   Ostermarsch 2011
29   Mai-Erinnerung 1945
29   Bordo Poniente
30   Handelsgesellschaft
30   Monderfahrungen
31   Sieben Milliarden
31   Bestandsaufnahme
32   Gegenworte
32   Ich habe mich gewöhnt
33   Mauern
33   Berliner Pressenotizen 2000
34   Als sie Zeit hatte
35   Katerstimmung. Grau in Grau geschrieben
36   Fremdlinge aus den Anden

Ulrich Grasnick
37   Monets Garten
42   Verlassene Bäckerei in Nogent le sec
44   Verlassenes Gehöft bei Nogent le sec

Marko Ferst
47   Atemlos
48   Spur nach Tilsit
49   Durchreise
50   Beute
51   Für die Liebe
52   Trockenzeit
53   Schaukelpferd
54   Versunkene Schätze
55   Etwas in uns
56   Leuchtspuren
56   Kirschen

Dorothee Arndt
57   zeit
57   tänzerin
58   moorfeen

59	rauch
59	ferne
60	unschuld
61	gegenseitige fremde
62	schatten
63	schnitt
64	herbstzeitlose
65	nachtzug
65	mir selbst
66	begegnung

Reinhard Kranz

69	Torso
72	Wirklich
73	Böcklin an der Wuhle
74	Es liegt nahe
75	Florence singt
76	Herbstgeschehen
77	Treibgut
78	Rummel am Dom

Brunhild Hauschild

79	Andenken (Arbeitsatmosphäre)
80	Bestandsaufnahme
81	Hierapolis
82	Kein Spuk
83	Letzter Bienenwagen von Altlandsberg
85	Mexiko, Quintana Roo, Xcaret, Xibalbá
86	Mückenjäger
86	Taurusgebirge
87	Wie ein Bienenkorb
88	Yucatán

Peter Frank

89	Landschaft in der Nähe
90	Kaduna
91	Kleines Gedicht für die Erde
92	Ortschaft im Norden
93	Inselkirche

93	Am Ende der Insel
94	Masar-i-Scharif
95	Präludium
96	Die Toten der Straße
97	Landschaft bei Büsum
98	Vom Geigenbau

Günter Kunert

99	Anruf
100	Lesestunde
101	Kommunikation
102	Diskurs
103	Befund

Charlotte Grasnick

104	Telefonzelle
106	Atelierbesuch
107	Mein Kopf sinkt
107	Meine Mutter auf dem Totenbett
108	Interruptio
109	Pusteblume
109	Kirschen
110	Rapunzel
111	Ich habe keinen Beweis
112	Atelierbesuch II. Adagio der Bilder
113	Nachwort

Andreas Diehl

114	Ich weiß keinen anderen - Abschied
115	Я не знаю другого ... прощания
116	Herbst 1989
116	Einmal frei
116	Inzeit
117	In meine Straße fällt
117	Ich habe mich immer
118	März. Berlin 2007
118	Für W.
119	Mai 1945
119	Die Tage

120	Züge
121	Warten
121	In meine stille Wunde
122	Sonnenkinder
122	Der Andere
123	Maria, Liebste du
124	Für S.

Frank Wegner-Büttner

125	Im Känguruland
126	Verunsicherung
127	Dampfschiffe
128	Radioaktive Wölfe
129	Augentreu
129	Schwarzer Schwan
130	Bötzsee bei Strausberg am 3. Oktober 2010

Michael Manzek

131	Schlafender Schwan
131	Das Meer
132	Der Akkordeonspieler
132	Alles ist aus uns gemacht
133	Und die Bäume tanzen im Schnee
133	Zugfahrt
134	Nord
134	Nimm die leichte Biegung der Nacht zum Anlass
135	Sie sucht sich im Nebel
135	Dein nur vom Wind gehaltenes Kleid
136	Warum nicht den Baumstamm umfassen
136	Einst verliebte sich ein Bildhauer in einen Stein
137	Der fallende Baum
138	Sven
139	Christel Poem

Ralf Burnicki

140	Sonnenpost
141	Blau
142	Mitternacht
143	Wüste

143	Freundschaft
144	Sonnenaufgang
144	Gedichtmaschine mit rasselndem Motor
145	Hot Coffee in Kuala Lumpur
146	Hitze in Singapur
147	Nacht (I)
148	Nacht (II)
149	Sommerliche Landschaft

Reiner Müller

150	Bei Nacht
151	Wie ein Raubtier im Käfig
151	Wo ist der Kampf
152	Ein Gedicht
153	Junimorgen
154	Aachen
155	Robinson
156	Warten auf Godot
156	Unterwegs
157	Hysterische Hure hüpft Hotelzimmerfenster hinaus!
157	Trocken ist der Geschmack
158	gut dafür
158	Pause

Hanna Fleiss

159	Geheimnisse
160	Eisland
160	Masereel
161	Brot, weißes, warmes Brot
162	Wüstgefallen
163	Der Pappelpark
164	Besuch bei Heine
165	Der Lesende
166	Ausgeglichenheit
166	Löwenzahn
167	Eislüfte
168	Lauf der Dinge
168	Sommerstadt

	José Pablo Quevedo
169	El escenario del mundo
170	Das Szenarium der Welt
171	Torsos del significado y el significante
172	Torsi der Bedeutung und des Zeichens. Signifikat und Signifikant
173	Obra plástica en hierro
174	Plastik in Eisen
175	Contra una posible amenaza termonuclear
176	Gegen eine mögliche nukleare Bedrohung
177	El último soldado caído no se cuenta en una guerra
177	Der letzte gefallene Soldat zählt nicht im Krieg
178	Eludiendo al plan de un genocidio nuclear
179	Umgehung des Plans eines nuklearen Völkermords
180	Cuándo el hombre
181	Wenn der Mensch
	Friedeborg Stisser
182	Durchbruch
183	Befreit
183	Über dich ...
184	Du und ich
185	1. Zyklus
186	Endgültig
186	Frieden
187	Gewohnt
187	3. Zyklus
189	Fernsehwirklichkeit
190	Reife
191	Lass uns!
	Anke Ames
195	kundalini
196	Gebet
197	Tanz Bach!
199	andante cantabile (sonnwendlied)
200	im verborgenen haar der winde flocht
201	irgendwo, nirgendwo
201	novembermond (yemaja)

259

202	im tieferen blau eines himmels
202	feld aus gras, aus
203	Invokation 1
203	Grenzwart
204	versprich mir die nacht

Marcela Ximena Vásques Alarcón
205	Das Fundament der Liebe
205	Der Wahnsinn der Liebe
206	Der Versuch, den Geliebten zu beschreiben
206	Die Liebe ist der fürchterlichste Schmerz der Welt

Rela Ferenz
207	Seerosen
207	Eine Sommerei
208	Vorfrühling
208	Oh, wie wohl ist mir am Abend
208	Furioso
209	Die Mühle am Bach
209	Auftakt
210	Raureif
210	Blütezeit

Stephan Terrey
211	Onagawa
212	Prometheusgeschöpfe
213	Für Ida
214	Keinem Ort zu fern

Oliver Issel
215	texas noir
219	geboren 1965

Petra Urbaniak
221	Verzaubertes Haff
222	Wolkenbruch
223	Abschiedsbrief
224	Das Lied von Luft und Liebe
225	Wie ein Geschenk

226	An meinen Grenzen
	Franka-Loraine Hetscher
227	Bin Tau
228	Während du schläfst
228	Weise sein
229	Berlin
230	In meiner Mitte
	Victor Bueno Roman
231	Asyl
231	Der Sessel
232	Aus einem gelben Schloss reitet ein grüner Held ins gelbe, flache Land hinaus
232	Apfelregen
233	Elodie
233	Entlassung in die Wüste der Nacht
234	Es war einmal hierzulande
234	Farben deutscher Dichtung
235	Im Sanatorium
235	Vom Alten nicht Neues
236	In Weimar
237	Halabja, im März 1988
237	Nacht der Fackeln in Rostock, Mölln und Solingen
238	Jana van Otten
239	Mit Vera bei einem Coffee-Shop
240	Raps
241	*Fritz Leverenz*
	Wir
	Almut Armélin
242	Am Gendarmenmarkt
243	Der Andere
245	Autorinnen und Autoren

Anthologien des Literaturseminars

Jedesmal wie ein Geschenk. Anthologie. Gedichte

172 Seiten, 2000, 10 €

(Herausgegeben von der Lesebühne Karlshorst, dem Karlshorster Lyrikkreis, der Edition Melopoefant und der Laeser-Edition Berlin-Köpenick, Michael und Anne Manzek)

(im Buchhandel erhältlich oder über www.amazon.de u.a.)

Am Leben gewinnen wir. Eine Anthologie zum 1. internationalen Festival der Poesie für den Frieden in Paris vom 19.9.2007 bis 23.9.2007, 90 Seiten, 2007 (Herausgeber: Karlshorster Dichterkreis, Melopoefant, Edition Aedosmil Universal, Lima, Peru)

Inselfenster 3. Köpenicker Lyrikseminar, Lichtenberger Literaturkreis. Gedichte, 132 Seiten, 1998
(antiquarisch bestellbar über www.eurobuch.com oder www.zvab.de)

Inselfenster 2. Anthologie des Köpenicker Lyrikseminars und des Studios Bildende Kunst Berlin-Köpenick, 48 Seiten, 1989, 7,50 €
(Bestellung möglich: Frank Wegner-Büttner, Kunstverleih Treptow-Köpenick (Arthotek), Dörpfeldstraße 54-56, Tel. 030/90297-5726, info@kunstverleih-treptow-koepenick.de)

Inselfenster. Anthologie, 52 Seiten, 1980 (Herausgeber: Kulturpark Schloßinsel Berlin-Köpenick, Zirkel Schreibender Arbeiter, Studio Bildende Kunst)

Günter Kunert

Als das Leben umsonst war
Gedichte

*Carl Hanser Verlag,
160 Seiten, 15,90 €*

Günter Kunert ist einer der wichtigsten Lyriker unseres Jahrhunderts. Keiner hat wie er die Wirrungen der deutschen Geschichte in Gedichten verfolgt, keiner einen so illusionslosen Blick auf den Menschen im Allgemeinen und die Menschen in Deutschland im Speziellen gerichtet. Seine Gedichte zeigen ironische und unsentimentale Bruchstücke von dem, was aus den großen Untergängen der Weltgeschichte übrig bleibt. (hier mit signiertem Coverbild)

Ulrich Grasnick

Im Klang einer Geige geborgen ein Traum. Gedichte

*Verlag UN ART IG,
44 Seiten, 7,50 €*

Chagall in Venedig

Wir sind im Einerlei
des Nebels angekommen.
in seiner Endloswolke Ohneziel -
Eingänge überall
in ein Verschwinden,
und dumpf und fremd wie nie
ein Glockenspiel.

Ich such Weite
auf dem Meer zu finden.
...

bestellbar über www.buchhandel.de (vlb)

Charlotte Grasnick

So nackt an dich gewendet
Gesammelte Gedichte

Verbrecher Verlag, 240 Seiten, 21 €

Charlotte Grasnick hinterließ ein bedeutendes lyrisches Werk. Die Liebesgedichte sind dabei das Rückgrat ihres Werkes. Entstanden über Jahrzehnte, zeichnen sie die Geschichte einer intensiven Begegnung nach vom ersten Kennenlernen über die Leidenschaft und mitunter schwierige Ehejahre bis hin zu einer späten Aussöhnung, vor allem mit sich selbst. Nackt ans Leben gewendet dringt hier eine Dichterin zum Kern der Dinge vor.

Marko Ferst

Umstellt. Sich umstellen.
Politische, ökologische und spirituelle Gedichte

Edition Zeitsprung, 160 Seiten, 11,20 €

Eine lebensnahe Mystik geht bei dem Autor fast nahtlos in radikale Gesellschaftskritik über. Er fragt nach einem Zeitalter, das über herkömmliche religiöse Vorstellungen hinausweist, schreibt über die Musik Arvo Pärts, nimmt uns mit in den wendländischen Anti-Atom-Widerstand. Darüber hinaus kritisiert er politische Zustände in den USA und in dem von China besetzten Tibet. Die Sorge um den Erhalt der ökologischen Gleichgewichte bleibt in vielen Passagen des Bandes deutlich präsent.

Ulrich Grasnick (Hrsg.)

Zwei Ufer hat der Strom. Deutsch-polnische Beziehungen im Spiegel deutschsprachiger Dichtung aus 150 Jahren

Verlag der Nationen, 230 Seiten, 7,95 €

Mit Gedichten aus anderthalb Jahrhunderten deutschsprachiger Lyrik zeigt der Band die wechselvollen Beziehungen zwischen Deutschen und Polen. Nicht immer waren diese von schwerer Schuld beladen. Die Verse von Poeten des 19. Jahrhunderts stehen für ein völlig anderes Verhältnis zu unserem östlichen Nachbarn: Getragen von einer Woge der Sympathie für das polnische Volk.

bestellbar über www.buchhandel.de (vlb)

Elisabeth Hackel

Tage ohne Geländer

Gedichte

Rediroma Verlag, 102 Seiten, 9,95 €

Die Lindentaler verfielen
Niemand hebt sie auf
Die laufende Rechnung für Zeit
Wird nicht mit Herbstgold bezahlt

Michael Manzek

Die Bücher des Gedichtemachers. Gedichte und Lieder 1986-2011

LAESER-Edition, 565 Seiten, 25 €

Mit einem Nachwort von Charlotte Grasnick. Der Band enhält das komplette Werk.

bestellbar über www.buchhandel.de (vlb)

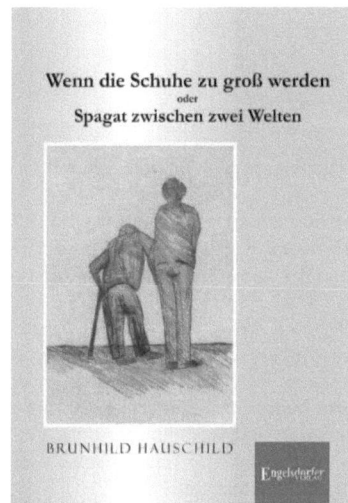

Brunhild Hauschild

Wenn die Schuhe zu groß werden. Oder: Spagat zwischen zwei Welten

Engelsdorfer Verlag, 72 Seiten, 7,30 €

Als die Tochter Brunhild Hauschild als persönliche Gesellschafterin der 92-jährigen Alma engagiert, hat diese bereits Demenz in der ersten Phase und lebt seit einem Jahr in einem Pflegeheim. Die Autorin beschreibt sehr anschaulich und emotional ihre gemeinsamen Stunden mit der alten Dame. Sie begleitet Alma bis zu deren Tod durch ihre andere Welt, gibt ihr Halt und das Gefühl, geliebt und geachtet zu werden. Vielleicht kann sie Betroffenen mit diesem Band helfen

Andreas Erdmann, Marko Ferst, Monika Jarju u.v.a.

Die Ostroute. Erzählungen

Edition Zeitspung, 256 Seiten, 16,90 €

Der Band beginnt und endet mit einer Erzählung über Wölfe. In der einen werden sie gnadenlos verfolgt, in der anderen sorgt ein Rudel weißer Tundrawölfe für arktische Jagdszenen. Andernorts kommt eine Ostroute ins Spiel. Wir erfahren mehr über das Schicksal eines jungen Rauschgiftkuriers im Iran, wie über seinen Lebensweg der Stoff der Stoffe richtet. Ein Ostseesturm sorgt für eine risikoreiche Segeltour. Von allerlei sonderbaren Abwegen weiß die Erzählung „Genervtes Anstehen für Liebe" zu berichten.

Fritz Leverenz

Eastside Stories

Holzheimer Verlag, 264 Seiten

Thema dieser Erzählungen, die häufig im Berliner Raum spielen, sind die Sehnsucht der Menschen nach Harmonie und Verständigung. An einer Reihe von Gestalten schildert der Autor mitunter beklemmend, doch immer mit heiterem Grundton, wie sie einerseits ihre kleinen Freiräume nutzen und andererseits der geistigen Enge der ummauerten Gesellschaft zu entfliehen suchen.

Bestellung: f.leverenz@blue-cable.de